SOUVENIRS

D'UN

VOLONTAIRE

CAMPAGNE 1870-1871

LES VOSGES. — LA LOIRE. — LA SARTHE. — LA MAYENNE.

1re PARTIE

LES VOSGES

SOUVENIRS

D'UN

VOLONTAIRE

CAMPAGNE 1870-1871

LES VOSGES. — LA LOIRE. — LA SARTHE. — LA MAYENNE.

1re PARTIE

LES VOSGES

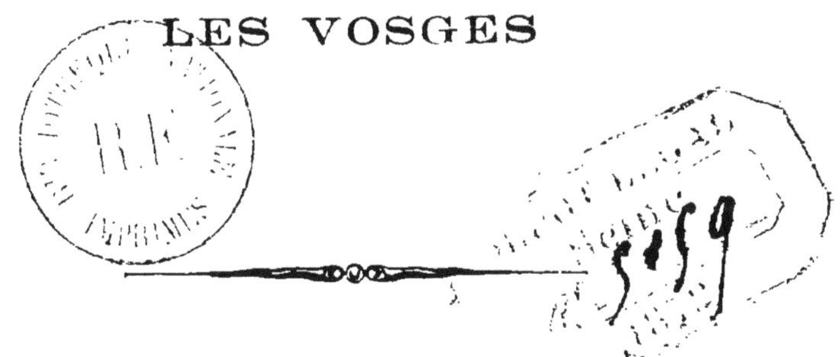

PARIS

IMPRIMERIE DE E. DONNAUD,

RUE CASSETTE, 9

1872

SOUVENIRS

D'UN

VOLONTAIRE

CAMPAGNE 1870-1871

PREMIÈRE PARTIE.

COMPAGNIE DES QUARANTE.

MACAIRE DE VERDIER, *capitaine.*
GIRARD, *lieutenant.*
AGUADO, *sous-lieutenant.*

MAGOUSSIER, *sergent-major.*

ED. GARNIER, *sergent-fourrier.*
DE COURCY, *caporal.*
DE POMMEROY, *caporal.*

GILES.
FOWLER.
JUILHERAT.
G. DE LA BOUGLISE.
A. DE LA BOUGLISE.
EUGÈNE GARNIER.
DE KERMENGAN.
G. LEFEBVRE.
JOANNEYON.

RIVIÈRE.
SINIBALDI.
GEORGES QUEULAIN.
DUROUCHOUX.
RAULT.
MABIRE.
LARKYNS HARRY.
LEADER.
HAUGELBY.
MARTIN.
DRASKOWITSCH.
JACQUEMONT.
MELCALFF.
MALGRAS.
BESNIER.
DE NOAILLAT.
BOUCHER.
MICHAUX.
MABARET.

LE DÉPART.

Saint-Apollinaire, le 2 septembre 1870.

A ma mère.

Ma bonne mère,

Me voilà à quatre-vingts lieues de toi, nous sommes séparés (pour combien de temps?), et tu te demandes encore pourquoi je suis parti?

Pourquoi cet uniforme?

Pourquoi ce chassepot?

Tu m'en veux, je suis sûr, de t'avoir brusquement annoncé mon départ quand j'avais déjà le pied à l'étrier. — C'est de ta faute... je t'aime trop et je sentais bien d'avance que j'aurais été faible devant tes larmes; voilà pourquoi je ne t'ai rien dit avant le jour où j'ai eu le sac sur le dos.

Pourquoi je suis parti?

Mais tu le sais toi-même... tu aimes bien trop ton Dieu, ta foi, pour ne pas aimer aussi ta patrie et ne pas vouloir qu'on la défende.

La patrie a fait appel à ses enfants contre l'étranger ; elle leur a dit :

« Il faut venir à mon secours : en échange du blé qui mûrit pour vous, du vin, du soleil des beaux ombrages, des richesses que je vous donne, chaque année, chaque jour, il me faut aujourd'hui vos bras, votre sang, votre vie. — Un étranger m'insulte, me foule aux pieds et veut arriver jusqu'à mon cœur : debout, mes enfants, debout tous et bien vite. — Songez que je m'appelle la France. »

N'est-ce pas là ce que dit la voix de la patrie ? — Et puis n'avons-nous pas des frères morts qui méritent d'être vengés, car ce ne sont pas des lâches ceux qui se sont battus à Wœrth, à Reischœffhen ; nos armées n'ont pas été vaincues mais culbutées par une masse compacte, immense.

Eh bien, puisqu'une inconcevable incurie, une témérité honteuse, ont dégarni nos arsenaux, nos régiments ; envoyé nos soldats à la mort, il faut, pour rétablir la balance, que tout le monde se lève et ce sera bientôt fini.

Que tout le monde se lève ! malheureusement c'est là ce que l'on dit et non ce que l'on fait. — On crie aux armes comme les choristes de l'Opéra-comique sans bouger de place. — Il y a en outre un souffle d'égoïsme qui passe sur toute la situation, et je suis outré d'entendre autour de moi crier sur tous les tons : « Il faut qu'on parte ! sus à l'étranger, qu'on fasse des levées ! — Mais de 20 ans à 30 ans, disent ceux qui ont trente-deux ans ; seulement les anciens soldats, disent ceux qui n'ont jamais servi. — Bref, que tout le monde parte, dit chacun, excepté moi. »

Pendant ce temps-là une première mesure est prise par le gouvernement, on rappelle tous les anciens soldats non mariés, et voilà de braves gens qui ont payé leur dette à la patrie, qui ont fait 7 ans, 14 ans de service, qui sont rentrés d'Afrique, du Mexique et qui sont obligés de repartir. — Pourquoi donc ne partirais-je pas aussi, moi, qui n'ai jamais rien fait pour la patrie ? parce que j'ai passé la quarantaine ? parce que je n'ai jamais été militaire ? — Mais tu sais bien, bonne mère, qu'il y a encore un peu d'acier dans les jarrets, que le coffre est solide, et si je n'ai pas été militaire, je ne manie pas mal un fusil, je monte à cheval comme mon oncle Edouard ; c'est bien le diable si je ne puis pas faire un bon soldat !

Est-ce que, sans la guerre, nous ne serions pas en ce moment en train de battre les plaines de Blincourt ou de Maréval ? est-ce que nous ne ferions pas en plein midi des courses éreintantes au risque d'attraper des coups de soleil ou les coups de fusil des chasseurs maladroits ? — Eh bien, au lieu d'aller tuer des perdreaux, allons tuer des Prussiens !

Quand j'ai eu pris ma grande résolution, je me suis mis à chercher un drapeau : il y avait en formation à Paris les éclaireurs de Mocquard ; les francs-tireurs Arrohnson, les chasseurs de Paris, les guérillas.. je suis allé voir les uns et les autres. — Je trouve que, partant volontaire, on a bien le droit de choisir un peu ses camarades.

J'entendis parler alors de la formation d'une petite compagnie qui, disait-on, allait dans les Vosges avec une mission particulière et qui devait faire beaucoup de mal aux Prussiens.

De plus il y avait, disait-on encore, besoin d'ingénieurs dans cette compagnie qui devait avoir affaire aux routes, aux ponts, aux tunnels en même temps qu'aux Uhlans et aux Bavarois. — On me cita quelques noms connus, sonnant bien, d'Abzac, Aguado, de Pommeroy, qui permettaient d'affirmer que l'on se trouverait au moins en bonne compagnie : le commandant chargé d'organiser le corps était M. Macaire de Verdier.

J'allai le trouver; tout me plut en lui et dans ce qu'il me dit. Il me raconta ce qu'il voulait faire ou plutôt me le fit pressentir, car il y avait en effet une mission, mais le secret était nécessaire, comme il l'est encore aujourd'hui, et si je ne te dis pas exactement où nous allons, c'est que je ne le sais pas. — Tout ce que je sais, c'est que nous sommes plusieurs ingénieurs des Mines, de la Centrale, etc..., que l'on compte sur nous, et que nous avons emporté des barres à mines, des fusées, des mèches, de la dynamite, etc....

Lorsque je fus agréé par la compagnie des Quarante, avant de donner ma parole (le seul engagement que l'on signât), je suis allé, tu le sais, demander à mon administration l'autorisation de partir.

Mais ce que je ne t'ai pas dit, c'est le véritable enthousiasme de notre directeur, M. de Gayffier. — Sa figure, en me disant oui, s'est animée, il m'a serré les mains, il m'a bien vite conduit à notre sous-directeur. C'était précisément jour de Comité, il racontait avec joie à M. Pelouze, à M. Doizan, que je partais, que j'allais faire sauter des ponts, des tunnels, tuer des Prussiens ; on sentait toute une effluve de patriotisme dans ses paroles, et je crois que pour un peu il serait parti avec moi ! — « Vous allez, me dit-il en finissant, toucher » votre mois double comme entrée en campagne, votre po» sition vous sera conservée jusqu'au retour, et votre » temps compté double pour la retraite : bien entendu, » vous touchez comme tous les employés de la compagnie » rappelés au service la haute paye que le conseil d'ad» ministration a votée. »

Une heure après j'avais reçu l'accolade du capitaine de Verdier, j'étais simple fusilier dans la compagnie des Quarante. On me faisait un uniforme, et deux jours après je venais tout équipé t'annoncer mon départ.

Eh bien, ma bonne mère, ne crois-tu pas qu'il vaut mieux que les choses se soient ainsi passées ?

Nous avons gaiement vécu de notre vie habituelle jusqu'au dernier jour, et la fièvre du départ, des détails d'organisation, nous a évité les larmes, les luttes ; — quand on doit vous couper une jambe, on vous le dit cinq minutes avant, cela vaut mieux pour le moral et même le physique du malade.

Le chemin de fer nous a amenés à Dijon sans encombre, sans événement remarquable et au milieu de cette gaieté qui naît forcément d'une réunion de quarante hommes jeunes, alertes et enfiévrés.

A Montereau je descends de wagon et je tombe dans les bras de Félix de Gascq. — Tu juges de notre étonnement mutuel. — Il était là, occupant la gare avec sa compagnie, il est lieutenant dans la mobile.

Allons, pensai-je en m'en allant, voilà le commencement de la vie accidentée des camps et des batailles; nous voilà au chapitre des rencontres fortuites, des amis que l'on trouve un jour, une minute, et que l'on quitte chacun reprenant sa route pour se retrouver encore par ci, par là, ou pas du tout !

Nous sommes arrivés à Dijon à une heure du matin.

— Un de nos camarades plus pressé paraît-il que tous les autres de se rapprocher des Prussiens, était parti avant nous; il devait nous attendre à Dijon. — Le capitaine lui avait envoyé une dépêche pour lui annoncer notre arrivée, et comptait bien qu'il était là nous attendant et ayant fait préparer des logements, avec toute l'intelligence qui doit caractériser un *quarante*. — A la gare, personne! — On se rend à l'hôtel où l'on savait notre camarade descendu : — personne!

C'est à peine si l'aubergiste veut nous recevoir; il prétend qu'il n'a pas de chambres, que son auberge est louée; on cherche, on fouille, on crie; l'aubergiste semblait plus ahuri que jamais, ce qui est difficile; bref le capitaine impatienté avise une belle cour vitrée : — « Formez les » faisceaux. — Apportez de la paille, on couchera là!! »

Je crois que le capitaine n'était pas fâché de nous faire goûter au bivouac, — et quant à nous, nous étions enchantés de coucher sur la paille, à la belle étoile. — Il y a toujours un peu d'enfant dans l'homme et le nouveau est toujours beau.

Pendant que nous nous arrangions de notre mieux dans la paille et dans nos couvertures, le capitaine était à la recherche du soldat précurseur qui avait dû faire préparer nos logements; l'aubergiste, à force de voir dans sa cour quarante hommes portant un uniforme, finit par se douter que ce sont des soldats qui ressemblent à son locataire du n° 22, arrivé depuis deux ou trois jours à Dijon — et demande au capitaine s'il faut aller réveiller le n° 22.

De Verdier n'était pas encore revenu de l'étonnement qu'un aubergiste pût être aussi bête, lorsque nous voyons apparaître sur le perron qui dominait toute la cour une figure étrange, étrangement costumée.

Sous un chapeau déformé, aplati, écrasé, une figure jeune, imberbe, mais mince, mince comme une lame de couteau — c'est le cas de le dire — tellement mince que de face on ne voit rien : de profil par contre on aperçoit un nez bien développé qui ressemble à une grande dent de scie découpée dans une lame d'acier ; le reste du corps est enveloppé d'un accoutrement bizarre dans lequel on devine plutôt qu'on ne reconnaît notre pantalon d'uniforme, gris, large, à bandes noires. — Ce pantalon à la *zouave* devait être retenu au genou par une jarretière à boucle, mais tous ces détails avaient été oubliés, il flottait indécis, n'ayant forme ni de culotte ni de pantalon, et laissait voir les chevilles nues de jambes très-maigres qui se terminaient par des pantoufles en tapisserie fond blanc avec des bouquets de roses.

Notre capitaine, qui a reconnu son jeune volontaire, le gourmande sur sa négligence à venir nous recevoir, —

lui demande où sont les logements préparés ? s'il a reçu la dépêche ?

— « Ah c'est vous, répond Georges Queulain d'une voix qui dort encore. — Ça va bien, capitaine. — Je vais me recoucher. »

Et il retourna tranquillement à son n° 22, laissant le capitaine ébahi et les camarades sur leur paille.

Nous avons passé le lendemain notre matinée à Dijon, où nous avons aperçu quelques francs-tireurs de Lyon, de Saint-Etienne, se dirigeant comme nous vers les Vosges. A quatre heures nous sommes partis pour Saint-Apollinaire, d'où je t'écris aujourd'hui.

Saint-Apollinaire est un tout petit pays situé à six kilomètres de Dijon : l'étape n'était pas longue ; mais c'était la première, et je t'affirme que je l'ai trouvée suffisante ; nous marchions sur une grande route, poussiéreuse, par un grand soleil et le sac sur le dos.

Nous sommes tous plus ou moins chasseurs, la marche ne nous effraye pas ; mais quand nous avons dans notre carnier un lièvre et quelques perdreaux nous trouvons que c'est bien lourd, et cependant c'est au bout du compte 3 kilos, 4 kilos à porter, tandis que mon sac pèse 17 kilos, et il n'est pas le plus lourd.

Notre séjour à Saint-Apollinaire n'a aucune raison stratégique, nous sommes venus là pour nous former à la vie militaire, pour vivre quelques jours de la vie de bivouac. On a fait un poste, une grand'garde, placé des sentinelles comme si c'était *pour de bon*. Enfin nous avons appris à installer des feux, des marmites, à faire en un mot toute la cuisine de campagne.

Tu vois, ma bonne mère, que tout sert dans la vie et qu'apprendre n'importe quoi est toujours une bonne précaution.— Crois-tu qu'aujourd'hui je regrette d'avoir parfois cultivé en théorie et en pratique l'art des Brillat-Savarin et des Carême? crois-tu que je ne suis pas heureux d'avoir suivi de près les travaux de notre vieille Madeleine?

Dis-lui bien de ma part pendant qu'elle pleure, j'en suis sûr, que c'est à elle que je dois les leçons qui m'ont été jusqu'à ce jour les plus utiles en campagne.

Cependant la cuisine ne nous occupe pas seule, il faut aussi faire l'exercice, car, si on a pu à Paris nous exercer au maniement d'armes et aux premiers mouvements de l'école de peloton dans la cour de l'hôtel Aguado, ce n'est qu'ici que nous pouvons aborder l'école de tirailleurs, et je t'affirme qu'une séance de deux ou trois heures donne un rude appétit.

Tant mieux du reste, cela rend plus indulgent pour les cuisiniers.

Nous avons un lieutenant, Girard, qui est vraiment

admirable d'entrain, de gaieté, d'énergie; c'est un tempérament de bronze dans un étui d'acier. Il se multiplie, il est à tout, il enseigne tout, il commande l'école de tirailleurs, il apprend à bien faire les sacs, plier les couvertures, il donne des remèdes pour les pieds blessés, pour les épaules meurtries, il court plus vite que nous tous quand on charge à la baïonnette, siffle des marches militaires en faisant étape, réveille la nuit le caporal de pose; je ne sais pas encore si parfois il dort.

Du reste, l'éducation militaire se fait rapidement quand chacun y met de la bonne volonté, a vraiment envie d'apprendre vite, et sent que, d'ici quelques jours, ce ne sera plus *pour de rire*.

Je comprends et j'excuse un peu l'apathie du soldat qui, amené malgré lui dans une cour de caserne, y apprend les *tête gauche*, *tête droite*, pendant des mois entiers, et fait 500 fois de suite la charge en douze temps avant de toucher une cartouche *à blanc*. Il apprend lentement, il le peut; tandis que nous, dans cinq, six, huit jours au plus tard, nous pouvons exécuter la charge à volonté avec des cartouches *pour de vrai*. Mais ce qui ne me semble pas le moins important, c'est de bien étudier les détails de la vie militaire et les détails les plus minimes; aussi, je t'affirme que je ne me fais pas faute de puiser dans la boîte instructive du lieutenant

Girard, qui l'ouvre, je dois le dire, avec la plus grande générosité.

Je vois avec plaisir que tout le monde apprend très-vite, sauf le jeune Georges Queulain (le n° 22 de Dijon), qui, bon tireur, bon marcheur, manœuvrant très-bien son arme, n'apprendra jamais, je le parie, à faire une soupe et à mettre ses boutons de guêtres.

Je te confie avec joie toutes ces premières émotions de la vie militaire, et je le ferai toujours tant que les circonstances le permettront; mais ne va pas t'effrayer le jour où les lettres n'arriveraient pas. Nous ne serons pas toujours dans un village, auprès d'un bureau de poste, et nos lettres courent souvent risque de flâner par les grandes routes.

Nous n'avons encore aucune nouvelle de Paris, mais en admettant quelques revers nouveaux en ce moment, il ne faudrait pas désespérer ; les troupes qui sont en ligne ne sont pas assez nombreuses, on n'a pas de renfort à leur donner, elles sont abasourdies par ces désastres qui ont été des coups de massue; il leur faut, comme à tous les Français, un peu de temps pour secouer leurs plumes. On sent bien un peu dans l'atmosphère un air de découragement; on entend des mots de trahison, on jette une masse de pierres à tous, aux ministres, aux généraux et aussi à l'Empereur.

Mais, n'y a-t-il pas, ne doit-il pas y avoir, aujourd'hui que l'ennemi a envahi notre sol, un seul sentiment dans les cœurs, un seul cri dans les bouches, et ce que j'aimerais mieux que les cris qui ne mènent à rien, pas même à Berlin, une seule volonté dans les âmes, sauver la France?

Il me semble déjà voir la France entière se lever avec ce courage, cette énergie qui peuvent être endormis, mais jamais morts dans des veines où coule le sang des Gaulois.

La France n'est pas aujourd'hui ruinée, en hommes, en soldats, en argent, comme elle l'était en 1814, par vingt ans de batailles; la France est forte si elle le veut, et elle le voudra, et l'étranger envahisseur repassera la frontière.

Crois-tu, ma bonne mère, que le jour où la victoire me ramènera dans nos foyers, mon vieux père ne sera pas heureux de dire : « Il était de ceux qui ont donné l'exemple! »

Courage et à bientôt.

Je vous embrasse avec tout mon cœur,

Votre fils respectueux et dévoué.

G. L.

N. B. Bien des choses se sont passées depuis que ces lignes ont été écrites, je ne puis les livrer à l'impression sans donner un souvenir affectueux au brave lieutenant Girard, qui, devenu colonel à l'armée de l'Est, s'est fait tuer en chargeant avec son escorte un détachement de cavalerie prussienne.

Quant à Georges Queulain, il a fait bravement toute la campagne avec moi, est devenu sergent dans ma compagnie, mais n'a jamais su mettre ses guêtres.

LE CHATEAU MAGIQUE.

Saint-Apollinaire, le 4 septembre 1870.

*A Madame Lise D*****.*

CHÈRE AMIE,

Je vous dois un dédommagement à ma dernière lettre, qui était toute pleine de tristesse, je dirai presque de larmes.

Car, quelle que soit l'énergie avec laquelle on prend une résolution, il y a toujours des moments où l'âme la mieux trempée faiblit, et le cœur du soldat s'attendrit en songeant à tout ce qu'il a quitté d'affection sincère, véritable.

Mais Dieu, la Patrie, doivent être justes pour ceux qui les aiment, pour ceux qui les servent, pour ceux qui les défendent, et Dieu donne la joie à ses élus.

J'espère dans la Patrie pour me ramener bientôt sain et sauf à cette vie dont vous êtes le plus gracieux bonheur.

Donc rien de triste dans ma lettre de ce jour, qui

veut vous raconter une étrange aventure dont j'ai été le héros.

Peut-être, en mangeant quelque bon filet cuit à point, quelques friandises, ouvrage de sœur Marie, avez-vous avec des regrets pensé au pauvre soldat nourri de biscuit, de viande salée, et mangeant sous la tente et couchant sur la terre.

Vous allez voir comme vous vous trompiez, et plaise à à Dieu qu'il en soit toujours ainsi!

A notre arrivée ici, j'ai été logé chez un bon paysan pas riche, qui m'a donné le lit de son fils, parti pour l'armée, et m'a fait une bonne soupe avec du lard et des pommes de terre.

Le lendemain de très-grand matin, je me promenais dans le village en attendant l'heure de l'appel, quand mon oreille fut agréablement flattée par les aboiements d'une meute, qui à en juger par la musique qu'elle faisait, devait être de 15 à 20 chiens.

Vous savez quelle passion j'ai pour ces animaux, et comme j'ai la prétention de m'y connaître un peu, je voulus aller visiter le chenil.

La femme du piqueux me fit entrer dans sa petite maisonnette en attendant son mari, qui me ferait voir les chiens. La brave femme me demanda si j'étais logé au château et combien nous y étions.

Je ne pouvais supposer que la demeure du père Laurent, où j'étais tout seul, fût ce qu'on appelait le château, et je pensai en moi-même que j'avais des camarades mieux partagés que moi.

Je voulus les connaître et me dirigeai vers le château ; la femme du garde m'accompagna en m'apprenant que ce château appartenait à M. Paul du Buffet, qui habitait Dijon et venait souvent à Saint-Apollinaire, où il amenait de nombreux amis pour faire des parties de chasse.

Je sus aussi (que ne sait-on de la langue d'une femme en peu de temps) que M. Paul était à Dijon en ce moment, très-malade, ne recevant personne, mais qu'il avait envoyé des ordres pour que l'on hébergeât très-confortablement plusieurs francs-tireurs.

— « Au château, dit la jardinière, il n'y en avait pas un seul. Le maire n'avait donné aucun billet de logement au nom de M. Paul, et les lits étaient vides.

— Madame Marie ne sera pas contente, me dit la femme du garde ; elle doit venir de Dijon ce matin avec des provisions pour le déjeuner et le dîner. »

Le piqueux était rentré sur ces entrefaites : nous allâmes visiter son chenil, fort bien tenu du reste ; nous causions encore du mérite et des défauts de chacun de ses élèves lorsque le sifflet annonça l'appel, puis l'exercice.

En allant chercher mon chassepot, j'avais donné quelque

monnaie à la mère Laurent, la priant de me préparer pour déjeuner ce qu'elle pourrait se procurer.

Quand je rentrai pour déjeuner, la mère Laurent, fort occupée par sa lessive, n'avait pas encore trouvé le temps de faire le déjeuner ; il y avait un poulet à plumer, ce qui était long, et puis la bonne femme ne se souciait pas de déranger ses habitudes : c'est à midi qu'on devait manger, quand *son homme* serait rentré.

J'étais levé depuis cinq heures, j'avais fait trois heures d'exercice, et elle était bien loin, la croûte que j'avais cassée le matin avec mon hôte !

Pour hâter cependant l'heure du déjeuner, je m'emparai du poulet et, assis sur une pierre, à la porte de la maison, je me mis en devoir de le plumer.

Tout en déshabillant mon volatile, je songeais à bien des choses, mais surtout à cette phrase de la jardinière du château : « Madame Marie doit venir de Dijon avec des provisions ! »

N'étais-je pas la victime d'une discrétion exagérée, et, puisque des lits étaient faits, puisque des provisions arrivaient au château, ne ferais-je pas tout aussi bien d'aller m'y installer plutôt que de plumer très-maladroitement un poulet, qui ne me paraissait pas gras et que la mère Laurent allait peut-être accommoder d'une bien singulière façon ?

Et puis, pensai-je encore, qui me dit que quelque autre des Quarante ne va pas venir flâner du côté du chenil, découvrir la poule aux œufs d'or, s'installer dans le bon lit, dévorer le déjeuner apporté par madame Marie pendant que je rongerai les os de mon poulet, qui décidément me paraissait étique ?

Je pensais bien aussi qu'il était indigne d'un soldat de se laisser tenter tout de suite par une Capoue Dijonnaise, et de dévorer le déjeuner arrivant avec madame Marie, pendant que les pauvres camarades allaient peut-être faire maigre chère chez les paysans du village.

La mère Laurent, débarrassée de sa lessive, vint me sortir de mes réflexions en me retirant des mains le poulet à demi plumé.

— « Prenez patience, dans une demi-heure tout sera prêt, » me dit-elle.

Pour prendre patience, je me dirigeai vers un petit cabaret situé sur la grande route de Dijon, avec lequel nous avions fait connaissance parce qu'il était tout voisin de notre champ de manœuvre, et de plus habité par une assez jolie fille qui s'empressait plutôt de recoudre les boutons d'uniforme que de verser de la bière ou du café.

Le vertueux et américain Fowler (Peau Rouge, comme nous l'avons surnommé) ne dédaigne pas lui-même le cabaret de la belle, où il ne consomme jamais que du fil et des aiguilles.

N'ayant pour le moment rien à faire recoudre à mon uniforme, je me fis servir un verre de je ne sais quoi sur une table au dehors, et j'attendis patiemment que la demi-heure fût écoulée : elle me semblait aussi longue que mes dents !

Tout à coup un break chargé de monde et de paniers s'arrête devant mon cabaret avant de tourner dans le chemin qui entre au village.

Les voyageurs mettent pied à terre et me demandent où sont mes camarades.

— « Ils déjeunent, répondis-je, et je ne les plains pas.

— Pardon, mais ceux qui sont au château, le lieutenant Girard et votre capitaine ?

— Parbleu, ils déjeunent aussi : chez nous les officiers ont l'habitude de déjeuner comme les simples soldats.

— Mais vous, alors, vous êtes donc de service, vous ne déjeunez pas ?

— Oh ! moi, c'est autre chose; la mère Laurent ne veut pas qu'on mange avant midi, elle a ses habitudes, la bonne femme, vous comprenez, il ne faut pas contrarier les populations, cela pourrait compromettre l'avenir des opérations militaires, j'attends sans rien dire que le poulet soit plumé !

— Venez avec nous, et je vous réponds que l'on déjeunera avant midi : un convive de plus sera une bonne fortune pour nous, et si Marie est à court de provisions, nous apportons du renfort : quant au liquide, la cave de notre ami Paul n'est pas facile à tarir.

— Comment, dis-je stupéfait, vous venez chez M. Paul? où il y a madame Marie qui a dû venir avec une voiture et des provisions, et tout cela pour les francs-tireurs qui logent au château ?

— Eh bien, vous êtes au courant, vous étiez des nôtres alors, et que vous préoccupez-vous de la mère Laurent et de son poulet ? entrez donc, nous voilà arrivés. »

Au bruit que fit le break en entrant dans la cour je vis sortir cuisinière, valet de chambre, fille de cuisine, jardinière et enfin une femme d'un certain âge, d'un embonpoint copieux, avec une physionomie franche, bonne, presque béate, inspirant de suite une sympathie qui fait oublier le rang et amène le respect.

— « Eh bien, Marie ou madame Marie, demandèrent bien vite mes introducteurs. Comment ça va-t-il? où sont ces messieurs? Faites mettre un couvert de plus et dans le break on trouvera un renfort de provisions. Combien sommes-nous?

— Mais je n'ai encore vu personne, reprit madame Marie, je n'y comprends rien, aucun franc-tireur n'est logé au château, personne ne vient, il est tard, et si vous attendez encore, rien ne sera bon. »

Je trouvais que madame Marie parlait d'or ; ce fut bien autre chose quand elle me communiqua les instructions de son maître, qui voulait que les deux soldats réglementairement logés chez lui, pussent inviter des camarades à déjeuner, à dîner; il n'y avait qu'à prévenir madame Marie du nombre de couverts à mettre.

— « Eh bien, madame Marie, c'est moi qui loge au château, et pour ce matin, mettez mon couvert ; tous mes camarades ont déjeuné, je ferai de mon mieux pour les remplacer, nous aviserons pour ce soir. — A table bien vite ; je vais jusque chez le père Laurent chercher mon fusil, mon sac, et le prévenir qu'il peut à lui tout seul manger le poulet, la soupe aux choux et tout le dîner. — Il m'est avis que votre cuisine doit valoir mieux que la sienne. »

Je courus chez le père Laurent, que je trouvai en train de tourner et arroser le poulet. — On avait mis une belle nappe blanche sur la table, la cuisine était embaumée d'une odeur de choux, et la bonne femme fricassait dans un plat jaune, des œufs qui baignaient dans une crème blanche comme la neige. — Les braves gens, les bons cœurs ! ils avaient mis tout en œuvre pour me recevoir et honorer le poulet que j'avais fourni.

— « Vous allez déjeuner chez M. Paul, dit le père Laurent,

et y coucher? ah! vous serez ben mieux qu'ici; on n'est pas riche, que voulez-vous, on fait ce qu'on peut, tenez, v'là une bouteille de notre récolte de deux ans que j'avais été chercher, buvons-en tout de même un coup. »

J'acceptai de grand cœur, j'avais regret de les quitter, ces braves gens, et nous bûmes à la santé de leur fils qui était à la guerre. — Je pris mon sac, mon fusil, et je partis en leur promettant de revenir les voir.

— « Et votre monnaie, me cria la mère Laurent à qui j'avais le matin remis un louis pour acheter les provisions du jour.

— Gardez-la et envoyez-la à votre fils pour qu'il boive à notre santé. »

Au château, je trouvai les amis de M. Paul assis devant le perron, autour d'une table garnie de carafons de madère, de vermouth, d'absinthe, de bitter, on m'attendait pour se mettre à table.

Nous passâmes dans la salle à manger. Il y avait une table de dix couverts, très-confortablement garnie de cristaux, de fruits, de fleurs, de hors-d'œuvre variés, et en bouts de table des pièces froides de la plus haute mine, une galantine surtout, aussi respectable par ses dimensions que par la splendeur de sa garniture multicolore.

Madame Marie m'indiqua ma place au milieu de la table, plaça les autres convives, et me fit demander par le domestique quel vin je désirais qu'elle fît servir. — Rouge ou blanc? bordeaux ou bourgogne?

J'étais réellement un peu ébahi de la situation anormale qui m'était faite, d'invité je devenais *inviteur*, et j'en étais à me demander si je n'étais pas un indiscret en train de devenir un malotru.

— « Pardon, messieurs, puisque je suis chargé, moi G. L., ingénieur à la compagnie du Gaz de Paris, volontaire de la compagnie des Quarante, de remplacer aujourd'hui M. Paul, je désire être agréable à mes convives comme il l'eût été lui-même, et leur offrir le vin de leur choix. — N'ayant pas l'honneur de connaître vos goûts et désirant satisfaire la majorité, je vous prierai, après une légère discussion, très-courte s'il vous plaît, de voter nominativement, et je prierai madame Marie de nous servir suivant le goût de la majorité. »

Chacun ainsi dut me dire son nom et son avis; la majorité décida Sauterne 1856, Clos-Vougeot 1864; par ce moyen toutes les présentations étaient faites, et je sus que je déjeunais avec M. A....., rédacteur en chef du *Bien Public* de Dijon, M. J....., imprimeur et propriétaire du journal, M. M....., filateur à Dijon, M. L..... négociant en vins et son fils, — tous amis de M. Paul, propriétaire du buffet de la gare à Dijon et de plusieurs millions en vins des plus hautes qualités de la Bourgogne.

M. Paul avait fait dire à la mairie de Saint-Apollinaire, d'envoyer chez lui deux ou trois hommes au moins de la compagnie, et M. A....., rédacteur en chef du *Bien Public*, qui connaissait notre lieutenant Girard, lui avait annoncé sa visite, avec invitation à déjeuner pour lui et notre capitaine.—Messagers infidèles, ordres mal compris, plan de campagne mal réussi, excepté pour moi que le hasard avait amené, comme dans un rêve, à une table féerique!

Le repas fut charmant, la bizarrerie même de la situation en animait la gaieté, et jugez de l'étonnement agréable du franc-tireur, qui, menacé d'un poulet étique pour déjeuner, voit défiler devant lui la truite saumonée sauce génevoise, le salmis de perdreaux, les poulets à la reine, la galantine de volaille, le jambon d'York, et le tout arrosé de vins que la majorité avait ma foi bien choisis.

— « Décidément ce n'est plus un déjeuner, c'est une féerie, m'écriai-je en voyant, au dessert, arriver tout un monde de fruits, de petits fours! On peut donc avoir tout ce que l'on veut ici?

—A peu près, dit madame Marie, qui de temps à autre venait surveiller le service et paraissait enchantée de mon appétit. »

Pensez donc! à moi seul je représentais les Quarante, il fallait au moins manger comme quatre.

— « Eh bien, ma foi, madame Marie, comme nous sommes ici dans un palais de fées, je vais frapper sous la table chaque fois que je formulerai un désir. — *Pan*, *pan*, *pan*, Je veux du champagne, marque Rœderer. »

Une minute après, ledit champagne arrivait, — et encore madame Marie nous offrait de le boire dans des mousselines, des coupes ou des flûtes, avec ou sans glace! et elle s'excusait de ne pas nous le donner frappé!

Quand nous fûmes arrivés au café, aux liqueurs, les *pan pan* sous la table se renouvelaient à chaque instant, et je faisais apparaître successivement entre les kirsch, rhum, eau-de-vie réglementaires, des curaçao blanc, sec, des anisettes de Marie Brizard, de Wynand Fockink.

M. A... avait fait prévenir mon lieutenant Girard, qui arriva avec deux de nos camarades, et vous voyez d'ici leur ébahissement en me trouvant installé aussi pompeusement et surtout donnant des ordres, leur faisant servir tout ce qu'ils désiraient au moyen de mes *pan pan* magiques.

Mais où leur ébahissement fut à son comble, c'est lorsqu'il s'agit des cigares :

Je frappe sous la table en disant « cigares! » le domestique entre avec une boîte de londrès.

— « Non, pas ça, dis-je, des trabucos. »

Le domestique remporte la caisse et revient avec une boîte de trabucos excellents. J'étais *épaté* moi-même.

Quand nous descendîmes au jardin, madame Marie me

prit à part, me demanda combien nous serions à dîner et me soumit ses projets pour le menu. Je me défendais comme un beau diable, j'avais trouvé charmante la plaisanterie du matin, mais la continuer était impossible... Ce n'était plus jouir d'une hospitalité généreuse, c'était en abuser.

Madame Marie n'entendait pas de cette oreille.

— « Et M. Paul, qu'est-ce qu'il dirait, si je ne recevais pas bien ces messieurs ; il m'a tant recommandé que ces messieurs ne manquent de rien, il m'a de plus laissé la voiture pour qu'on puisse retourner à Dijon s'il y a besoin.

— Allons, madame Marie, lui dis-je, ne vous fâchez pas, j'accepte le dîner pour moi et pour un de mes camarades, le lieutenant Girard ; si ces messieurs de Dijon restent, cela vous fera encore bien du monde.

— Mon Dieu ! que vais-je faire de tout cela, » me dit-elle en ouvrant la porte d'un grand office rempli de volailles, de gigots, de quartiers de bœuf et de mouton, de fruits, de légumes ; puis elle appela M. A... et lui dit que je n'étais pas raisonnable, que je ne voulais pas inviter mes camarades.

M. A... répondit qu'il se chargeait de me rendre raisonnable, de faire les invitations, et qu'on pouvait allumer les broches. Madame Marie s'en alla rayonnante.

— « Pas plus de vingt, dit-elle à M. A... et soyez exacts à sept heures précises. »

Il fut convenu avec M. A... et le lieutenant Girard què nous ferions nos invitations une à une, isolément, de sorte que le soir, à sept heures, chaque arrivant fût tout étonné de retrouver un camarade et de dînér en réunion, quand il croyait tout simplement partager l'ordinaire du lieutenant Girard ou du simple fusilier L...

Vous jugez de leur étonnement quand ils se virent en face d'une table de vingt couverts, servie dans les mêmes proportions que celle du déjeuner !

Un des paniers que j'avais aperçus dans le break le matin contenait un renfort de Clos-Vougeot et de Chambertin que M. M...., négociant à Dijon, avait apporté pour les mettre en concurrence avec les produits de la cave de M. Paul.

Ce fut donc un véritable tournoi où entrèrent en lice tous les grands crûs de la Côte-d'Or.

Inutile de vous dire avec quelle chaleur fut porté un toast à M. Paul, notre hôte inconnu, à la guerre, à la haine des Prussiens, et pour finir j'en réclamai un en l'honneur de madame Marie, qui m'en remercia avec effusion en me demandant à plusieurs reprises si j'étais satisfait.

Il fut convenu avec nos aimables Dijonnais que, ne pouvant à notre tour recevoir M. Paul, nous voulions au moins avoir l'honneur de recevoir ses amis, et que le lendemain nous les attendions pour dîner à cinq heures, non plus avec une table et des cristaux, mais sous la tente, à notre champ de manœuvre, avec notre vaisselle de campagne.

Minuit arrivait. Notre capitaine donna le signal du départ, et chacun de rentrer plus ou moins bruyamment à son logis.

Quant à moi, je n'eus qu'à monter à ma chambre, je suis chez moi, et je m'installe tranquillement dans le confortable qui m'est offert. J'ai ouvert ma fenêtre en face d'un beau ciel bien étoilé, dont le calme et la sérénité me fait penser combien est malheureux notre pauvre monde avec tous ses déchirements, tous ses orages : c'est en face de ce ciel que je vous envoie, après ce récit tout culinaire, tout prosaïque, les pensées qui arrivent quand l'âme se détache de la boue terrestre et monte vers ces espaces interstellaires où tout est amour et poésie.

Au milieu de ces étoiles si claires et si brillantes, je ne cherche pas celle que voient les grands capitaines et qui conduit à la gloire, à la fortune ; plus modeste, je cherche celle dont les lueurs douces et brillantes à la fois, me rappellent des yeux que je trouve bien triste de ne plus voir.

Après-demain nous levons le camp, et ma première lettre sera sans doute datée des Vosges, vers lesquelles nous nous dirigeons pour commencer nos opérations.

Je vous envoie les plus affectueuses amitiés de votre tout dévoué. G. L.

COLMAR. — LE RHIN.

Dieu soit loué! nous en avons fini avec les chemins de fer qui nous ont fait payer bien cher l'avantage d'arriver en deux jours de Saint-Apollinaire à Colmar en passant par Auxonne, Belfort et Mulhouse. — Ils sont vraiment bien fatigants ces trains militaires qui vous traînent de gare en gare, passant plus d'heures en station qu'en route. — N'y pensons plus puisque demain nous devons marcher, aller en avant, nous rapprocher de l'ennemi qui est venu, paraît-il, à quelques lieues de Colmar couper un pont du chemin de fer conduisant à Strasbourg.

Le lendemain en effet notre petite colonne se met en route, fière et pimpante comme une fiancée qui court vers un premier baiser.

Les Prussiens sont venus à Ostheim, ils peuvent bien y revenir. — Malheureusement notre espérance fut un mensonge. — Serait-ce par hasard le voisinage du camp du mensonge (Lungenfeld) qui nous portait malheur. C'est en effet près d'Ostheim que l'histoire place le camp où

Louis le Débonnaire, en 833, attaqué par ses fils, fut abandonné par son armée. Ostheim est un petit village de 1,900 habitants, traversé par un cours d'eau que l'on traverse sur un pont moitié en pierre, moitié en bois, et très-facile à défendre.

Une fois les sentinelles placées, on nous installa dans la salle basse de la mairie, et le maire nous fit servir une fort agréable collation dans laquelle figurait ce vin blanc, presque vin du Rhin, que nous devions retrouver tant de fois dans nos étapes.

Il était ma foi fort bon ; nous le prouvions en en buvant beaucoup et en le disant sur tous les tons à M. le maire. — Il nous affirma, ce digne fonctionnaire, qu'il n'en donnait pas de pareil aux Prussiens, qui la veille étaient venus réquisitionner chez lui. — Espérons-le, il est si doux de sentir un petit souffle de patriotisme !

Ne voyant en fin de compte venir rien qui ressemblât à un Prussien, nous reprîmes le chemin de Colmar en passant, ne fût-ce que par curiosité, sur le pont coupé par les Bismarkais. — Ce pont n'était qu'un pauvre petit ponceau bien innocent, bien indigne de tant de colère, et je me demande encore pourquoi on lui avait fait les honneurs de tant de poudre, de tant de coups de marteau ! Malheureusement, dans cette guerre, bien du mal a été fait non pas au point de vue de la stratégie, mais, au point de vue de la ruine. — Ce ne sont pas nos ponts que bien souvent les Prussiens faisaient sauter, ce sont nos pièces de cent sous.

« Serons-nous les vainqueurs ou les vaincus ? peu importe, détruisons, pillons, volons toujours. Si nous n'arrivons pas à rendre la France moins grande, nous essayerons du moins de la rendre moins riche. »

Que de mal fait ainsi !

Malheureusement nous-mêmes avons donné ou suivi l'exemple de la destruction, destruction bien inutile, qui a ruiné le pays, l'État, les compagnies, les communes, mais n'a servi en rien la cause de la résistance.

Pendant que nous examinions les débris du pont, nous amusant à calculer ce qu'il faudrait de temps pour le rétablir et faire passer un train, deux de nos camarades, Besnier et Mallet, qui déjà se dessinaient comme les meilleurs marcheurs de la compagnie, furent envoyés en mission secrète pendant que nous rentrions sans encombre à Colmar.

Le lendemain, nouvelle expédition dont le but seul faisait battre le cœur.

Nous allions sur les bords du Rhin !

Quel monde de pensées, de souvenirs, d'émotions ne devait pas soulever ce nom tant de fois célèbre. — Quelques-uns, et j'étais du nombre, n'avaient jamais vu le

Rhin, ce fleuve si célèbre, qui chaque année promène tant d'oisifs et que la génération actuelle connaît parce que Musset l'a chanté, parce qu'on le traverse pour aller à la maison de jeu de M. Blanc, à l'Hippodrome de Bade, mais que nos pères ont connu parce qu'ils y faisaient boire leurs chevaux de bataille, parce que ses rives ont tenu en échec tous les empires, tous les pouvoirs, toutes les races du Nord; parce que ses rives ont vu toutes les batailles de la guerre et de la diplomatie. — Voir le Rhin, c'était pour nous voir l'ennemi; s'il ne venait pas nous trouver, nous pouvions franchir le fleuve et l'aller chercher chez lui.

Nous voyez-vous, les *Quarante*, envahissant l'Allemagne!

Partis de grand matin de Colmar, nous nous arrêtâmes pour faire grand'halte dans un village (Artsheim) qui n'est distant du Rhin que de quelques kilomètres.

La salle de la mairie fut mise à notre disposition, des tables furent dressées, et l'aubergiste du pays fut chargé de les couvrir de mets succulents.

Tout en flânant dans le village pour attendre l'heure du repas, nous entrâmes, quelques camarades et moi, dans une salle de café et nous apercûmes un des nôtres étendu tout de son long sur le sol. — Nous approchons tout effrayés, c'était notre brave camarade Fowler.

— « Qu'as-tu donc ? Qu'y a-t-il ? Êtes-vous malade ?

— Non, répondit-il avec cet accent qui rendait plus charmantes encore les originalités de son langage,—je rétablis *le-quilibre.* »

Nous remarquâmes alors sa disposition spéciale.

Étendu sur le sol, il avait placé ses pieds sur un banc qui lui relevait les jambes. Il y a toujours un peu de jambes en l'air dans les attitudes américaines:

Sous sa tête, comme oreiller, il avait placé un verre renversé — tout juste de quoi l'élever un peu au-dessus du sol garni de carreaux rouges.

— « Ah ça, mon brave Fowler, est-ce que vous allez rester là longtemps, lui demandait-on.

— Non, seulement pour rétablir *le-quilibre.*—Vous comprenez, quand on a beaucoup marché, les jambes ils ont beaucoup travaillé et le tête pas travaillé du tout, le sang va toujours où est le travail, il est tout dans les jambes qui ont beaucoup travaillé et il faut rétablir *le-quilibre.* »

Ce n'était pas la seule fois que nous devions voir notre brave Peau-Rouge prendre cette bizarre position, ce n'est pas la seule fois que les jambes durent travailler plus que la tête, ce qui le contrariait beaucoup, mais ne l'empêchait pas de marcher

Quelle énergie, quelle vigueur, chez ce digne Américain qui nous disait que la France lui avait fait gagner beaucoup d'argent; qu'il l'habitait depuis longtemps, et qu'il avait voulu la défendre, et pour cela il demandait à *travailler* beaucoup tous les jours. — Ce qu'il entendait par travailler, c'était voir des Prussiens et en tuer.

Quand on ne faisait que marcher, Fowler trouvait qu'on n'avait rien fait, il était mécontent et bien souvent le soir, au bivouac, prenant l'un de nous à partie, il lui confiait son chagrin de ne pas *travailler*, de toujours marcher.

« A quoi c'est bon ce que nous faisons, nous avons marché, toujours marché, je suis pas venu pour cette chose, je voudrais travailler. »

Bien qu'il eût passé la quarantaine et fût mon aîné, Fowler avait un grand amour du travail, une grande énergie, une grande activité.

Tous les exercices du corps lui plaisaient et, grand amateur de sport nautique, il nous amusa bien souvent avec les récits de ses prouesses et de ses luttes.

La Gironde était le théâtre favori de ses exploits; il en était devenu le Gladiateur à rames.

A force de remporter des victoires, il avait donné des leçons à ses concurrents eux-mêmes, et l'on était arrivé au dernier degré de perfectibilité de tous les engins, canots, avirons, etc.

Un jour, nous racontait Fowler, il avait fait venir d'Amérique un nouveau petit bateau qui était le sublime du genre, paraît-il; il avait comme formes, comme bois, comme chevillage, etc., mille qualités que j'ai oubliées, étant, je l'avoue, fort peu compétent sur la matière.

Ce que je me rappelle, c'est que Fowler avait fait venir ce bateau secrètement, la caisse qui le renfermait avait des dimensions telles, une forme telle, qu'on ne pouvait soupçonner qu'elle renfermait un bateau. — Mais l'embarrassant, c'était d'essayer le bateau en secret; car, avant de le mettre en marche, il fallait l'équiper, placer les bancs, les étriers, les systèmes, et tout cela est grave; quelques centimètres de plus ou de moins en avant ou en arrière pour la place d'un banc, changent toute la pondération; puis il faut étudier la ligne de flottaison, régler l'immersion du bateau... Comment faire tout cela en secret?

— « J'avais dans ma maison, nous dit Fowler, une grande cave très-jolie, et qui ne me servait pas pour le vin; je descendais dedans avec le petit bateau. — Dans la cour, il y avait une fontaine, je mis à la fontaine un grand tuyau : quand je suis tout seul, j'ouvre le robinet et l'eau vient dans la cave. — J'ai fait couler bien longtemps avant que l'eau porte le petit bateau; je ne savais pas pourquoi c'était si long à emplir la cave. — Enfin, j'ai pu essayer le bateau, je montais dedans, je jugeais si tout était bien en placé, j'étais très-satisfait. Comme je remontais chez moi, les domestiques, le concierge et puis après le domestique de la maison voisine arrivent, et ils crient bien fort parce que toutes les caves sont pleines d'eau. — Je pensai tout de suite pourquoi j'avais fait couler si longtemps le robinet pour remplir ma cave; j'avais rempli celle du voisin en même temps, et ses pommes de terre, les bois, les barriques, les bouteilles, tout nageait, — et le propriétaire n'était pas content, et celui de ma maison ne l'était pas non plus, parce qu'ils ont dit que l'eau avait fait du mal aux murs, et que je pouvais faire tomber la maison. — J'ai bien dû payer trois mille francs pour le tout. »

Mais que diable aussi, essayer un bateau dans une cave! — On voit bien que notre camarade était né sur la terre classique de l'excentricité.

Une fois le déjeuner fini, nous nous mettons en marche et ne sommes pas longtemps à arriver sur les bords du Rhin. — Une espèce de digue formant chemin de halage couvre notre marche et nous permet d'examiner à loisir ce fameux fleuve, qui, frontière naturelle de la France, lui a coûté, lui coûte et lui coûtera tant de sang.

J'avoue que là où nous étions, le Rhin ne remue pas grandiosement l'imagination; — il ne m'a fait songer ni à Louis XIV, ni à Boileau, ni à Napoléon, ni à Musset, ni à Victor Hugo. — J'ai bien plutôt songé à l'ingénieur des ponts et chaussées, à son piqueur, à ses cantonniers chargés de surveiller les empierrements, les perrés, et d'établir la moyenne du prix de revient d'entretien par mètre cube de maçonnerie.

Sur l'autre rive on n'apercevait absolument rien, aucun ennemi, aucun casque. — Nous savions cependant que fréquemment des maraudeurs venaient mettre le pied sur le sol francais, à l'aide de quelques bateaux de pêcheurs. — A l'endroit où nous étions, le Rhin ést coupé par une île derrière laquelle étaient peut-être cachés les hommes et les bateaux que nous cherchions.

Le lieutenant Girard aperçoit, sur la rive française, un mauvais bateau à moitié caché dans les herbes, il saute dedans. Fowler s'y précipite avec lui, heureux d'utiliser sa science nautique sur cet affreux morceau de bois goudronné qui, certes, n'avait pas été essayé dans une cave.

Nos deux matelots atteignirent bientôt l'île, pendant qu'échelonnés sur la rive, nous nous disposons à les soutenir de notre feu en cas d'attaque. Au bout d'une demiheure peut-être, un coup de feu, puis un second, puis d'autres partent de l'île; nous eûmes un moment d'inquiétude bientôt dissipée, en voyant revenir nos camarades dans la barque; aussitôt le pied mis à terre, le lieutenant Girard nous fait monter sur la berge de halage, et, au lieu de nous occuper des tirailleurs qui sont sur la rive, il nous ordonne le feu sur une petite maisonnette en bois. — Nous étions à 1,000 mètres cependant; il faut croire que toutes nos balles n'étaient pas perdues, car elles firent l'effet d'un coup de canne dans une fourmilière.

« — Ils s'en vont tous, dit Girard en remettant sa lorgnette au fourreau, — faisons de même, — en route pour Colmar. Tant de tués que de blessés, personne de mort; tout le monde est content. L..... s'est bien lavé dans le Rhin en regardant la France, Fowler s'est livré aux douceurs du canotage, et moi je leur ai envoyé leurs bateaux de maraudeurs à Strasbourg, en bien mauvais état, je vous jure. — Allons dîner à Colmar. »

LES VOSGES. — LES TOURISTES MILITAIRES.

Pendant que nous étions sur les bords du Rhin, notre capitaine avait pris les dernières dispositions, s'était mis en rapport avec l'Inspecteur général des eaux et forêts, et nous reçûmes l'ordre de nous tenir prêts à partir le lendemain pour Reichenweyer ou Riquewyhr.

C'était notre première étape dans les montagnes, sur cette route si pénible et si dangereuse que nous avions à suivre pour aller au but de notre expédition. Les Prussiens, tout en marchant sur Paris, comme nous l'apprenaient, hélas ! les journaux ; tout en avançant chaque jour vers le cœur de la France, s'étalaient dans les pays que leurs colonnes avaient traversés; Schlestadt, New-Brisach, Schermeck, Saint-Hilaire, étaient occupés ou investis, et nous avions toutes leurs lignes à traverser.

Le départ de Colmar fut pénible, laborieux, chacun sentait que c'était la dernière fois que nous étions au milieu de toutes les ressources de la vie, et chacun s'empressait de compléter, de modifier son bagage, ses approvisionnements.

Nous étions en outre, à Colmar, logés par les habitants, dont la cordiale hospitalité ne voulut pas nous laisser partir sans une petite fête toute spéciale.

Je me rappelle encore, pour ma part, l'excellent vin de Riquewhyr que m'offrit mon hôte, M. Khus, avoué à Colmar, et avec lequel sa femme et ses charmantes petites filles voulurent trinquer à la santé de ma bonne mère, qu'elles me souhaitaient de revoir bientôt. — Ils ne sont plus Français aujourd'hui, ces bons hôtes du soldat, mais au moins ils peuvent être sûrs qu'il a fait son devoir et qu'il s'est battu pour eux, pour la France, jusqu'au dernier jour.

Quant à mon camarade R....., qui était logé précisément au-dessus de moi, il avait été si bien reçu, qu'il ne voulait plus partir du tout!

Cependant, vers quatre heures, la colonne se mit en marche, et nous arrivâmes un peu tard à Riquewhyr, qui est distant de 16 kilomètres de Colmar.

Bien qu'il fît nuit quand nous entrâmes, toute la ville était sur pied : hommes, femmes, enfants, tout le monde était sur notre passage; les hommes avaient pris leurs armes, et l'on sentait le patriotisme respirer en eux. — C'était d'un bon augure. — Il est vrai qu'il est difficile aussi de trouver une ville ayant l'air plus guerrier, plus crâne que Riquewhyr, qui ne renferme que 1,900 habitants. — Je parie que cette petite cité eût tenu tête ou du moins essayé de tenir tête à une armée de vingt mille hommes, et fût devenue le Châteaudun des Vosges. On entre, ou plutôt on monte dans Riquewhyr, par une porte ouverte dans un mur crénelé, derrière lequel s'étend une terrasse qui pourrait presque s'appeler un rempart. — C'est sur cette terrasse qu'est bâtie la mairie, dans laquelle on nous avait installé 40 lits, et de fort bons lits, ma foi, qui avaient été en un instant montés et garnis par les habitants.

Quand nous arrivâmes, tous ces fournisseurs improvisés de campement militaire étaient là, nous prenaient par la main pour nous conduire eux-mêmes au lit qu'ils avaient fourni, et dont ils nous vantaient les qualités; ils semblaient faire à l'envi valoir leur marchandise.

Ah! pauvres bons lits de Riquewhyr, que de fois nous avons songé à vous! que de fois nous nous sommes reproché de ne pas vous avoir assez aimés, appréciés, quand, une fois dans la montagne, nous n'avons plus pendant un mois connu que la paille, la bruyère et les branches de sapin!

Pour être franc, je dois dire que nous avons bien regretté aussi le fameux vin de Riquewhyr, auquel nous fîmes bon accueil en soupant : je crois même que c'est grâce à lui que notre camarade Haugelby persista à nous faire, debout sur son lit, un long discours sur la tempérance. — Le discours nous intéressait tous comme gestes ; mais, le texte étant en anglais (la seule langue que parlât H.....), il était difficile de suivre les bons conseils de tempérance que donnait l'orateur. Aussi notre camarade B....., orientaliste distingué, n'ayant pas profité des conseils anglais, fut pris d'un tel rire que je suis encore aujourd'hui convaincu que le vin de Riquewhyr renferme du protoxyde d'azote (gaz hilariant).

Pour pouvoir dormir tranquilles, nous fûmes obligés de mettre H..... dans une chambre à part, et d'enfermer B..... sous sa couverture avec défense expresse de rire à l'air libre sous peine d'être enfermé avec Haugelby.

Comme les jours se suivent et ne se ressemblent pas ! le lendemain nous arrivions au Haut-Kœnigsberg ; plus de bons lits, plus de bon vin, et que de fatigues pour arriver jusque-là !

Ce n'est pas un village, c'est une maison de garde, ou vieille tour en ruine qui plane au-dessus d'une immense vallée, dans le fond de laquelle on aperçoit Schlestadt, New-Brisach, etc.

Presque au-dessous de nous, le petit village de Saint-Hilaire est déjà occupé par les Prussiens, sur lesquels nous pourrions faire tomber les rochers qui nous entourent, comme l'épervier tombe sur sa proie magnétisée.

Pour le moment, nous ne devons faire aucune démonstration guerrière ; ce n'est pas le courage du lion qu'il nous faut, c'est la ruse du renard.

Nous sommes quarante, et les Prussiens se comptent par milliers dans le pays, — ce n'est pas à coups de fusil que nous pouvons les vaincre, nous avons mieux à faire que de leur brûler quelques cartouches au nez.

Faire la guerre comme nous la faisions en ce moment a un côté obscur, prosaïque, qui malheureusement n'est pas toujours compris, apprécié par tous, et qui, par moments, décourage ceux même qui la font.

Dans ce système, pas de gloire à recueillir, pas d'entraînement militaire, pas de poudre qui brûle la moustache et monte au cerveau ; marcher, toujours marcher inconnu, la nuit plutôt que le jour, éviter l'ennemi plutôt que le chercher, et tout cela pour risquer un beau jour d'être cerné par un millier de Prussiens, qui ne demanderont pas mieux que de vous fusiller, s'ils ne vous pendent pas. — On n'a donc l'espérance de se battre que le jour où toute victoire sera impossible, et où la lutte ne sera qu'un moyen d'éviter la fusillade ou la corde.

Eh bien ! je n'hésite pas à le dire, en France, nous jugeons mal les dévouements silencieux, les courages obscurs; nous réservons trop nos applaudissements pour les brillants faits d'armes, pour les expéditions chevaleresques. — Partout, toujours, nous voulons le courage qui se fait tuer, même inutilement, et nous ne savons pas ménager nos forces vives pour les bons moments.

Ainsi que de fois j'ai entendu pendant la campagne et par tout le monde, dire des uhlans prussiens qu'ils étaient lâches, qu'ils se sauvaient au premier coup de fusil, sans même y répondre.

Le fait est vrai, j'ai été assez souvent à même de le constater, notre métier de tirailleurs nous mettant continuellement aux prises avec les reconnaissances prussiennes.

Je ne trouve pas *pour cela* que les uhlans ou autres cavaliers soient lâches; ils font un métier obscur, dangereux, mais qui, pour être réellement utile à ceux qu'ils ont voulu servir, doit faire abstraction de tout courage brillant et chevaleresque, — et je serai le premier à dire que je voudrais voir inculquer à nos soldats la même tactique si nous voulons un jour pouvoir combattre à armes égales.

Voici deux faits à l'appui.

Notre lieutenant Girard était certes un bon et brave officier, ayant, avant d'être avec nous, fait ses preuves en Afrique. — Devenu colonel d'un régiment de mobiles, faisant fonctions de général de brigade, il va en reconnaissance avec un peloton de cavalerie, et rencontre un détachement prussien dix ou vingt fois plus considérable que sa petite escorte.

Le calme, le sang-froid, le bon sens même disait qu'il fallait se détourner, pousser la reconnaissance d'un autre côté, profiter de ce que l'on avait appris et rapporter à la brigade, à la division des renseignements précieux.

— « Ils nous ont vus, dit Girard, je ne puis reculer. »

On chargea, on tua pas mal de Prussiens, personne ne revint de l'escorte du pauvre Girard, qui fut tué un des premiers. — A quoi donc a servi son courage?

Autre manière de faire; — manière prussienne.

C'était à Chambon, dans le voisinage de la forêt d'Orléans. Nous étions venus d'Ingrannes le matin et nous occupions le village dans lequel MM. les Prussiens avaient bien envie d'entrer.

Un petit poste de 5 hommes était établi dans une situation merveilleuse, au sommet d'une espèce de tumulus qui dominait toute l'entrée du village. Ma compagnie occupait le château avec ordre de se porter en avant au premier coup de feu.

Vers 4 heures, nous entendons une décharge et nous courons soutenir le poste du tumulus. — On voyait encore la fumée des coups de fusil, mais plus d'ennemis et les hommes du poste étaient furieux d'avoir manqué trois dragons rouges qui venaient en reconnaissance.

Ils étaient furieux aussi, parce que ces dragons s'étaient enfuis comme des lâches.

— « Comment, disaient-ils ! nous sommes cinq, ils sont trois et à cheval et ils n'osent pas riposter, et ils fichent le camp au triple galop ! Ah ! les lâches. C'est pas nous, c'est pas des Cathelineau qui en feraient autant ! »

Certes je ne pensais pas à blâmer ces braves soldats qui auraient voulu après tout risquer leur peau au lieu d'avoir le stérile plaisir de tirer sur des dragons fuyards. Ils savaient bien que si les dragons s'étaient défendus, il y aurait eu quelque horion à récolter ; mais ils auraient eu le bonheur de se battre, de lutter, et certes ils auraient eu l'avantage, je n'en doute pas.

Mais en moi-même, aujourd'hui plus qu'alors, je suis obligé de me dire que les dragons ont bien fait au point de vue militaire. — Car, au lieu de se faire tuer inutilement, ils ont été faire leur rapport à leurs chefs et annoncer que le village de Chambon était gardé et bien gardé.

Le devoir, le courage de l'éclaireur ne consiste pas à lutter avec ceux qu'il rencontre, mais à s'avancer résolûment le plus loin possible dans les lignes ennemies, à voir beaucoup et à rapporter le plus de renseignements qu'il peut.

Grâce à des renseignements habilement fournis par notre intrépide éclaireur Mabaret, nous attendîmes la nuit pour quitter le Haut Kœnigsberg, et, guidés par un garde forestier, nous commençâmes une des plus rudes étapes de notre campagne.

Il faisait nuit noire, nous étions en pleine forêt et dans des chemins biscornus, tortueux, très-pittoresques pour des touristes civils qui voyagent de jour en veste de nankin, mais épouvantables pour des touristes militaires qui portent 40 livres sur le dos.

La nuit était tellement noire que nous étions obligés, pour voir le camarade qui nous précédait, de lui faire mettre au col son mouchoir dont la blancheur nous guidait, et malgré cela on arrivait bien souvent encore à butter les uns dans les autres, bien heureux quand la rencontre ne se terminait pas par un bout de canon dans le nez.

Pour comble de bonheur, une pluie sérieuse rendait les chemins plus glissants, les uniformes plus lourds.

Enfin de cahots en cahots, de culbute en culbute, après cinq heures de marche, nous arrivons à Lièpvre où nous espérons nous reposer. — Mais à Lièpvre nous sommes sur une grande route que le matin même des colonnes prussiennes ont traversée. — Nous ne pouvons rester là.

En route pour Lallemant-Rombach, où nous arrivons vers 2 heures du matin.

Nous sommes bien encore sur la grande route, la position n'est pas sûre, mais que faire avec des hommes harassés, mouillés?

Ne pouvant marcher comme des loups, nous nous terrons comme des lapins. — Nous faisons nos terriers dans un immense pailler, on cache les armes, on cache les mules, les provisions, tout, en un mot, pas de feu, pas de sentinelle. On ferme les portes et l'on s'endort bon gré mal gré, en se demandant si l'on se réveillera au milieu des Français ou des Prussiens.

Dieu merci, nous nous réveillons au milieu des Français, mais il est prudent de n'y pas rester trop longtemps, notre marche pourrait bien être arrêtée. — Nous sommes à peu près secs, à peu près reposés, nous repartons.

Après quelques kilomètres sur la grande route, parcourus le fusil à l'œil et l'oreille aux aguets, nous rentrons dans la montagne où, plus en sûreté, nous pouvons faire une halte dans un petit, tout petit village, dont je regrette bien d'avoir oublié le nom. — C'est là peut-être que fut crié le dernier « Vive l'Empereur! » qu'on remplaçait en France par Vive la République! — Lequel vaut le mieux?

C'est Vive le Roi.

Nous entrons dans ce petit hameau dont 40 hommes triplaient la population; nous apercevons une maison d'école ou mairie aux fenêtres de laquelle on faisait, en notre honneur, onduler deux drapeaux tricolores qui ombrageaient le buste de S. M. l'Empereur Napoléon III.

Sur le seuil de la porte, se tenait tout écharpé M. le maire et son état-major, maître d'école, bedeau, etc..., qui, à notre passage, entonnent un éclatant « Vive l'Empereur ! », et nous étions le 12 septembre. — Il y avait huit jours déjà que la France jouissait de ce beau gouvernement qui s'appelle République, — gouvernement des citoyens les plus honnêtes par ceux qui le sont moins, de ceux qui ont tout à perdre par ceux qui ont tout à gagner ; gouvernement dont les *alpha* s'appellent Jules Favre, Gambetta, Glais-Bizoin, ce qui signifie larmes, vanité, ridicule, dont les *oméga* s'appellent Raoul Rigault, Ferré, Assi ! ou massacre, pillage et pétrole.

Ce brave maire nonobstant criait : Vive l'Empereur ! et faillit se fâcher quand notre capitaine lui dit que l'horloge de son enthousiasme retardait de 10 jours.

Nous lui aurions bien facilement du reste pardonné son vivat, s'il avait pu nous trouver dans son village quelque chose de plus réconfortant que du fromage blanc, du pain noir et des noix.

La route que nous quittâmes en sortant du village me porta à croire que je n'étais plus soldat. — Je prenais mon chassepot pour un bâton de touriste, et je supposais mon sac rempli de chemises blanches, de gilets en cœur, de parfumeries de Lubin destinés à faire les délices du plus prochain Casino.

Comment croire à la guerre, à la poudre, aux chevaux éventrés, aux cuirassiers sanglants, aux villages pillés, aux femmes lorraines fusillées sur les cadavres de leurs enfants, écrasées à coups de talons de bottes, quand on marche au milieu de cette splendide nature, de cette fraîcheur, de cette verdure qui est collée aux flancs des Vosges ?

Comment donc croire que des peuples s'égorgent pour posséder des villes, des maisons, des pierres, quand on voit, solitaires et inhabités, ces sites splendides qui doivent toutes leurs richesses à la nature? Comme on prend en pitié les Bismark et les Guillaume qui rêvent un immense empire obtenu à tout prix, quand on voit des chênes, des sapins séculaires, empereurs de la forêt, brisés en miettes le jour où il plaît à Dieu de faire passer un souffle dans leurs cimes !

A force de monter, de gravir, nous arrivâmes à un plateau ou plutôt un carrefour, véritable trivium des anciens : chaque route ouverte conduisait dans un département différent : Vosges, Meurthe ou Bas-Rhin ; nous fîmes une halte à cet endroit, et nous nous amusions à rire en changeant de département, parlant français dans l'un, allemand dans l'autre ; les gourmands choisissaient le Bas-Rhin, Strasbourg et les foies gras d'Henry ; les musiciens, les artistes se casaient dans les Vosges, la patrie des violons jaunes de Remiremont, et des descentes de croix d'Epinal. Quant aux élégants, aux Aramis de la compagnie, ils étaient tous sur la route de la Meurthe, de Nancy, la ville aux dentelles.

Pauvre carrefour ! que de fois nous pensons à toi ! Non plus aujourd'hui avec la gaieté du 12 septembre, mais avec les larmes de l'affront dévoré ! Une sentinelle prussienne, une borne tudesque est peut-être aujourd'hui à cette place, sur cette route qui conduit en Alsace, et qui n'est plus Française (sur la carte).

Et vous voudriez croire qu'on vous laissera tout cela, mes bons messieurs les Allemands! allons donc, mais vous ne le croyez même pas. — Vous êtes des locataires, mes bons amis, et non des propriétaires.

Vous verrez si on vous laisse ce joli petit carrefour où les 40 ont été si gais, dont les arbres sont si gracieusement feuillus, dont le sol est frais et vert sous le soleil ardent ! Vous ne savez donc pas que, vaincus, nous sommes encore jeunes et robustes et durs.

Vienne un drapeau, un panache et l'on vous fera payer cher vos victoires !

Ah ! prenez garde au jour où s'enrôleront : *Les volontaires de la Revanche !*

MAISON FORESTIÈRE. — PREYÉ. — MOT D'ORDRE ET CAFÉ.

L'arrivée à Preyé fut un bonheur indicible, et personne n'avait envie de trouver la grange trop petite, la paille trop rare, la soupe trop maigre.

On était *éreinté* tout simplement.

L'étape avait été longue, dangereuse, émotionnante, et, l'on a beau dire, quand on marche avec des Prussiens à droite, des Prussiens à gauche, devant, derrière, quand on a affaire à un ennemi caché qui peut à un coin de bois vous *canarder* à son aise, les jambes s'en ressentent. Il y a parfois de petits frémissements qui ne sont pas faits pour raffermir les jarrets.

Et vraiment ce jour-là la route aurait pu satisfaire l'Anglais le plus spleenique à la recherche d'une émotion.

Un moment surtout eût charmé son flegme inamovible. Le passage de la grande route Impériale, Nationale,

Royale de Strasbourg, à quelques pas de Schirmeek, occupé par 2 ou 3 mille Prussiens.

Jusque-là on avait marché sous bois, et sous bois nous étions forts. Mabaret et ses braves forestiers veillaient sur nous. Les routes étaient éclairées, les buissons fouillés et le Prussien *rembuché* par tous ces fins limiers qui avaient à honneur de nous conduire sains et saufs au but de notre expédition.

Mais pour traverser la route il fallait quitter les bois, prendre la plaine et faire un kilomètre pour retrouver d'autres bois; il fallait donc, dans notre duel, quitter tierce ou quarte et nous découvrir.

Sur la route que nous suivions il faisait *beau revoir* et l'on distinguait encore le passage d'une patrouille de cavalerie.

Avant d'arriver à la route on fit, sous bois, une halte. Déployés en tirailleurs dans les taillis, nous nous abritions de notre mieux derrière les *anciens* et même les *modernes*, et fusils chargés, armés, presque à l'œil, nous attendions, avec la fièvre du calme qui songe à se défendre, le moment de tirer ou de continuer la route.

Notre lieutenant, parti en avant avec quatre hommes et deux gardes, revient enfin nous trouver au pied de nos arbres, où nous commencions à gémir et à nous mouiller sous un brouillard qui a conservé le nom de M. de Vendôme.

La route était libre, et, grâce à ce brouillard, on pouvait traverser la route à peu près en sûreté.

Dans le brouillard, épais heureusement, nous entendons bien les voix de quelques pelotons prussiens qui font l'exercice ou qui évoluent sous les murs de Schirmeck, mais combien peu la chose nous importe !

Nous regardons à gauche ce long ruban de macadam qui va jusqu'à Paris ! Paris, la ville de nos souvenirs, de nos amis, de nos amours ! Paris, où nous avons laissé le vieux père, la mère aux cheveux blancs, la maîtresse, la payse, qui attend nos lettres, notre retour.

Pauvres bêtes que nous sommes !

Croyons donc en Dieu et doutons du reste.

Un pli du terrain aide le brouillard à nous cacher et surtout à cacher la mule et ce malheureux cheval jaune qui plie sous le faix des cantines, et que l'on craint d'entendre hennir d'un hennissement révélateur pour le Prussien aux aguets.

Enfin nous voilà passés sans encombre. Et dans les bois nous reprenons plus tranquillement notre route.

Notre route ! peut-on appeler ainsi cet escalier favori des chèvres qui sautent et des mulets aux pieds sûrs ? Et malgré tout il faut marcher, marcher vite...

— « Allons, serrez les rangs, levez la guêtre », dit le lieutenant Girard dont le jarret musclé se rit de tous les accidents de terrain, dont le torse sec et nerveux ne peut arriver à essouffler des poumons qui chantent en courant.

— « Levez la guêtre, c'est facile à dire; moi aussi je lèverais bien la guêtre, ce n'est pas ça qui me gêne. Vous en parlez à votre aise, grand *secot* de lieutenant. Mais je voudrais bien vous y voir s'il vous fallait lever tout ce que je porte au-dessus de ces guêtres. Lever la guêtre ! parbleu, ce n'est pas bien difficile, mais quand il faut lever en même temps ce petit abdomen rondelet, ces petites épaules grassouillettes surmontées de ce col confortable auquel est suspendu un *azor* de 30 livres. Est-ce que vous croyez que c'est facile? Peau d'anguille, va ! »

Un pareil blasphème envers le chef me fit frémir ! Il était parti de la gauche de colonne; j'étais au centre. Je me retournai effrayé, tremblant, rêvant déjà cour martiale, conseil de guerre, et la sueur qui coulait à pleins bords se glaça sur mon front.

Au risque des plus graves châtiments, je quittai le rang pour me rendre auprès du camarade qui lançait en l'air de tels blasphèmes.

C'était ce pauvre Joanneton. J'eus peine à le reconnaître, il était déguisé en pivoine, en tomate constellée de perles qui de son front roulaient sur ses bottes. La cravate au vent, la veste ouverte, il assaisonnait chacune de ses petites enjambées d'un grognement injurieux, prenait le ciel à témoin de ses misères, maudissait la patrie et jetait en arrière un regard attendri vers la rue du Sentier, les bocks de Fanta, et les glacières de Tortoni ; mais il marchait toujours, prêt à gronder le camarade qui *n'emboîtait pas*.

Enfin, Joanneton grognant, la pluie tombant, le jour finissant, nous arrivons à Preyé.

De plus, j'ai le n° 1, donc immédiatement en faction,

Il était dit que la journée serait dure pour ce pauvre Joanneton. Il est de garde, et ne se console qu'en voyant que moi-même qui ai, certes, bien eu aussi chaud que lui, je partage son triste sort.

J'avoue que passer deux heures sur une route, à plat ventre, derrière un mètre de pierres, quand la chemise est mouillée, trempée à fond, quand le brouillard tombe finement et qu'il est 8 heures du soir, en septembre, dans les montagnes, ce n'est vraiment pas hygiénique !

Combien, pendant la durée de cette faction, j'ai pensé à ma pauvre mère, qui, me voyant arriver de la chasse, de la promenade à cheval, ferme bien vite les fenêtres du salon de peur que je ne prenne froid et se met en colère si je ne monte vite à ma chambre pour m'ensevelir dans des flanelles fraîches.

A vrai dire, je n'étais pas complétement rassuré sur l'état de ma santé, quand, au bout de deux heures de cette position que Brutus ne gardait que l'instant d'un baiser, on vint me relever.

—« Vous savez, me dit Joanneton (c'était lui qui prenait ma place), nous avons soupé au poste. On prépare le café, n'oubliez pas de m'en envoyer. Il n'a pas l'air de faire chaud à ce métier-là, » dit-il en me regardant.

J'étais bien de son avis et regagnai le poste en lui promettant de faire diligence pour le café.

Primo mihi, devise éternelle des estomacs les plus obligeants.

Je commençai par souper. Mais après une faction de deux heures, la salle à manger était peu réchauffante : dans un jardin, un coin de mur de terrasse avec trois crochets et un cep de vigne pour plafond, des pavés pour siége !

Le froid, la fatigue amenaient plutôt le sommeil et l'engourdissement que le désir de manger, et je grignotais du bout des dents en songeant au beau rhume, pour ne pas espérer plus, que le lendemain me préparait.

Heureusement notre capitaine n'oubliait pas ses soldats, et, se doutant des fatigues du poste, il arrivait à nous avec ce café réparateur qui est l'alpha et l'oméga de la journée du soldat, et tient plus de place dans l'histoire des campagnes, que les grands coups donnés ou reçus et d'estoc et de taille.

Rentrant de faction, j'eus droit aux plus grands égards du capitaine; la dose fut doublée, triplée, quadruplée, bref, ce n'était plus une tasse, c'était une jatte de café au kirsch ou de kirsch au café.

O liquide bienfaisant! comme il me réchauffa, et, bien enveloppé dans ma couverture, comme on enveloppe une bouteille de grès, pour ne rien perdre de cette chaleur naissante, je me laissai aller, en fumant une vraie pipe, aux plus douces rêveries.

Décidément la dose de kirsch était sérieuse, car la rêverie prit les formes les plus fantastiques!

Il y avait devant nous un carré de betteraves, de magnifiques *disette rouge* : peu à peu je vis ces betteraves sortir de terre, grandir, puis étendre leurs feuilles à l'extrémité de branches élégamment recourbées, flexibles, et comme Daphné était devenue laurier, la betterave s'était transformée en palmier.

Peu à peu le sol triste et sale, maculé de flaques jaunes et noires, se transforma en un riche tapis de Smyrne aux couleurs harmonieuses. Le ciel lui-même sembla s'éclairer des tons chauds de l'Orient.

Au pied d'un palmier un homme était assis. Il était jeune encore, sa barbe noire et soyeuse n'empêchait pas de voir des dents blanches à travers un sourire extatique, ses yeux levés au ciel semblaient y chercher l'inspiration et sa figure tout entière s'illumina d'une teinte de joie indicible.

Il se leva tout à coup, traînant derrière lui comme un manteau royal et diabolique à la fois ; tout noir d'un côté, et de l'autre diapré d'arabesques de toutes couleurs. Il alla vers un groupe qui se tenait accroupi au pied d'un autre palmier, il leur frappa sur l'épaule : « Viens, Ali, viens Zeïd, leur dit-il, Khadidjash nous attend à la caverne de Héra. »

C'était donc Mahomet lui-même, j'étais en plein Orient et j'attendais les houris, les almées, les danses et les parfums !

Un sourd grognement vint me tirer de cette douce rêverie.

C'était le camarade Joanneton qui rentrait de sa faction et qui, paraît-il, n'était pas content du tout : il me tira par les pieds, voulut me raconter ses douleurs; me parla d'une ronde d'officier, d'un café qu'il n'avait pas eu, etc.; j'avais bien mieux à faire que de l'écouter, et je repris mon sommeil, espérant que cette fois le rêve me transporterait à Paris.

C'est si bon de rêver de ceux qu'on aime !

Le lendemain j'appris ce qui s'était passé par quelques vers libres jetés au crayon sur un carnet, en l'honneur du fusilier Joanneton.

Elle est sur le bord de la route
L'auberge où l'on monte la garde
Sans dîner, sans café. Quelle déroute!
D'en faire autant que Dieu nous garde.

Le capitaine bien-aimé
Pose ses hardis fonctionnaires
Et veille à notre défense
Avec des soins extraordinaires.
« Mots d'ordre, Mahouzier-Mayence,
Veillez bien ou vous êtes plumé. »

Le lieutenant fait sa ronde.
Halte-là, qui vive, à l'ordre, qu'on réponde.
Un fusilier plein d'ardeur
Croise la baïonnette et sans peur
Au mot de ralliement répond : *du café !*
Et Girard s'en va-t-épaté.

A DABO. — UN RONFLEUR.

Nous voilà donc à Dabo! Enfin c'est un village. Il y a longtemps qu'on n'en a vu. Il y a une auberge, deux auberges! On va avoir des lits, une table d'hôte; après le Grosmann on se croit à Paris, hôtel du Louvre, Grand-Hôtel.

L'arme au pied devant la maison d'école, on attend le retour du capitaine, qui, fourrier, adjudant-major à la fois, se charge toujours de préparer les logements.

Le sac est lourd sur les épaules; les jambes se passeraient bien de la position verticale... mais on a pour dédommagement l'admiration des habitants, et, tandis que quelques gamins se glissent dans le rang pour admirer les chassepots, quelques minois effrontés jettent le trouble et la distraction dans la tête de colonne.

Décidément la taille et le galon sont choses enviables,

et je comprends la rage des simples fusiliers et des petits contre les chefs et les grands ! La tête de colonne ! quel partage. Là est le clairon ! avec cette petite machine en cuivre qui reluit au soleil, qui sonne la charge et la soupe, le *Tirailleurs en avant* et l'extinction des feux.

Toute la poésie et toute la réalité de la vie militaire.

Le clairon ! toujours en avant ! ce doit être un brave, et puis il a un galon plus chamarré que les autres. On fait cercle autour de lui, on attend avec impatience la bruyante sonnerie qu'envoient dans l'air ses joues enflées, qui lui donnent un peu l'aspect des amours joufflus de Vatteau ou d'une outre près d'éclater.

Derrière le clairon, le lieutenant, le capitaine et puis les plus beaux hommes de la compagnie. Il n'y en a que pour eux ! Après vient le centre, le groupe le plus déshérité, le plus incomplet, le plus nul. La queue de la colonne a bien sa petite valeur avec ses petits hommes. Ce sont les malins, qui savent profiter habilement de leurs petits avantages et de leur petite position. Plus loin de l'œil des chefs, ils savent habilement risquer un écart à droite, à gauche, en arrière, et recueillir les épaves de l'admiration qui a fait rage autour de la tête de colonne.

Mais le centre ! c'est le malheureux, c'est le paria par excellence ; s'il bouge un instant, la colonne est rompue, désorganisée.

Pendant que la tête entend tout, à l'oreille des chefs, discute des positions prises ou à prendre, le pauvre centre doit rester ignorant, immobile, et comment dans cette immobilité mathématique qui vous fait ressembler aux poteaux d'une palissade, faire valoir ce pauvre individu dont on ne peut exhiber à la galerie qu'une tranche face au premier rang et... postérieure face au second rang. Etre au milieu d'une population toute disposée à l'admiration, et ne pouvoir s'exhiber que par une vue unique et de dos!

Être du centre, être du second rang, je comprends que cela anéantisse le patriotisme et fasse renoncer à la vie militaire.

« Garde à vous! Portez armes! »

Le capitaine revient escorté d'une lanterne gigantesque et d'une blouse bleue dans laquelle il y avait un maire, et par l'organe enchanteur de son enchanteur sergent-fourrier, il nous convie à prendre nos logements à la maison d'école.

Patatras! adieu l'hôtel du Louvre, le Grand-Hôtel, les bons lits !.. De la paille et les gradins de l'école. Voilà la perspective.

La logique ne doit jamais abandonner l'homme en général, le soldat en particulier.

Dans une maison d'école il y a un instituteur, il y a des

bonnes sœurs qui n'ont pas pour habitude de coucher dans les gradins.

Il doit donc y avoir des chambres, dans les chambres il y a des lits, et dans un lit il y a place pour un franc-tireur.

L'instituteur peut bien, pour une nuit ou deux, aller demander l'hospitalité à un ami dans le village : donc je puis être celui qui aura le lit disponible.

Intrigue et mystère ! Pendant tout le brouhaha de l'installation, je me faufile subrepticement dans une cuisine, qui est suivie d'une chambre, dans laquelle s'épanouit un lit, un vrai lit avec des matelas, des couvertures, etc...

J'installe mon chassepot et mon sac bien moelleusement sur la couche emplumée, et je me compare à Christophe Colomb plantant le drapeau de possession sur la rive du Nouveau-Monde.

Un tour de serrure, la clef dans ma poche, et je retourne bien vite aider les camarades à transporter la paille, installer leur litière.

Je riais peut-être bien un peu dans ma barbe, mais je travaillais avec ardeur, désireux de me faire pardonner mon trop heureux sort.

Hélas ! j'avais compté sans mon hôte. On appelle les hommes de grand'garde, qui, sous les ordres du caporal de Pommeroye, doivent occuper un poste avancé en dehors du village, sur la route de Garrebourg.

Il faut bien veiller sur les camarades, protéger les habitants, les Prussiens ne sont pas loin. Ils sont déjà venus dans le village. On fait l'appel, et j'entends mon nom !

Adieu le bon lit, adieu la chambre...

En route ! à la grand'garde. Je laisse à un camarade la clef et le secret. Je m'en vais comme un Adam chassé du Paradis terrestre, murmurant ce souvenir classique : *Sic vos non vobis !*

Heureusement le poste de grand'garde fut installé à la sortie du village, sous un hangar, avec de la paille, et, en se faisant un oreiller avec un coutre de charrue, un édredon avec une herse, on n'était pas trop mal, on n'avait pas froid. De plus, deux anges tutélaires nous apparurent dans les nuages parfumés d'un café bouillant. Je regrette d'avoir oublié leurs noms, car ce sont les deux seuls dévouements que nous ayons trouvés dans ce village de Dabo ! Que le diable ait son clocher !

Enfin le dieu Morphée, ce dieu privilégié qui ne perd jamais ses droits, fut par nous adoré avec conviction.

Que faire dans un poste à moins que d'y dormir... entre les factions. Et puis n'est-ce pas le privilége du simple fantassin qui se venge ainsi de la superbe du caporal... de pose.

Comme on est fier de ne pas porter ce galon qui vient

vous dire toutes les deux heures : « Allons, marche, esclave, va relever tes sentinelles. »

Il est vrai que le caporal pouvait bien un peu prendre sa revanche en allant poser sa sentinelle, qu'il laissait agréablement à 200 mètres du poste avec un peuplier pour guérite et l'ordre de rester invariablement dans la pénombre du peuplier, ce qui vous constituait le droit à une promenade dans un espace de 30 centimètres de large sur 60 de long, autant dire à l'immobilité. Comme c'est réchauffant !

Enfin sur ma paille agrémentée d'instruments aratoires, j'aurais regretté plus amèrement le lit du maître d'école si je n'avais trouvé dans cette nuit l'occasion de constater un phénomène physiologique très-remarquable.

On a beau être soldat, la science a toujours des charmes et le pain de munition ne peut pas détruire instantanément des habitudes et des croyances de vingt ans.

Vers deux heures du matin, ronde d'officier. C'est le lieutenant Girard. Il me trouve sur mon séant, il veut me parler, je veux lui répondre, impossible. Un sourd grondement emplissait l'espace et nos paroles se perdaient dans l'atmosphère toute remplie de bruit.

Heureusement le lieutenant avait à sa boutonnière le sifflet réglementaire, instrument précieux pour les signaux de francs-tireurs et emprunté à la marine. C'est le seul son qui domine le bruit des flots en courroux, de l'orage qui gronde, du canon qui tonne.

Je le comprends maintenant par expérience, car le sifflet du lieutenant domina le ronflement du caporal de Pommeroye. Quel puissant engin !

Tout le monde s'éveille en sursaut, et le ronfleur lui-même, disant, comme tous ceux qui ronflent à bras fermés : « Mais non, je ne dormais pas. » Ou bien. « Je vous » assure, ce n'est pas moi. »

— « Ah çà, nous dit le lieutenant en examinant notre coucher agricole, vous n'êtes donc pas seuls ici, en fait d'êtres vivants. — Vous avez donc un cheptel considérable. — Sapristi, quel bruit, quels grognements !

— Ah ! pardon, mon lieutenant. Je sais ce que c'est, c'est Pommeroye qui ronfle.

— Impossible !

— Oh que si ! Laissez-le reprendre, vous allez entendre ; dans deux minutes ça va recommencer, c'est très-curieux.

— Eh bien, nous dit Girard, allez voir demain matin sur la route, j'ai fait une brisée avec un pavé quand j'ai commencé à entendre ce bruit que je ne pouvais m'expliquer. S'il n'y a pas 50 mètres, que je reste maître d'école à Dabo toute ma vie !

Le lendemain matin on mesura. Il y avait 62 mètres et Girard ne resta pas maître d'école à Dabo.

Ce n'était pas la première fois, ni la dernière que j'entendais ou devais entendre ronfler d'une manière aussi importante. — Plus tard, dans le château d'Amboise, j'ai retrouvé de brillants ronfleurs qui ont fait l'étonnement des chambrées. Mais que tout cela était peu de chose auprès de l'organe majestueux du brave de Pommeroye !

Ce qui faisait mon étonnement, au point de vue physiologique, c'est que ce cher camarade n'avait rien dans sa structure qui pût faire prévoir une pareille puissance.

Sa voix claire, argentine, laissait passer des paroles timbrées d'élégance et d'aristocratie. Sa tête était bien portée par un col élancé, sur des épaules vigoureuses et sveltes. Tout en lui semblait dire qu'il devait résonner comme un clairon gentilhomme et non comme une grosse caisse roturière. D'où vient donc cette modification des organes du larynx qui lui permet de produire un bruit semblable ?

Si l'on prend le larynx d'un bœuf ou d'un cheval, si on l'installe sur le porte-vent d'une soufflerie énergique et si l'on rétablit mécaniquement la tension des cordes vocales, on arrive à produire un son énergique dont on peut faire varier le ton en modifiant la tension des cordes vocales. Mais on n'arrive pas à la magnifique sonorité du ronfleur, et, chose curieuse, à l'état de veille ce même ronfleur ne peut arriver à retrouver les notes graves de son instrument nocturne. Evidemment il y a là une question de tension des cordes vocales.

Si vous prenez un chat, animal qui a deux voix bien distinctes, l'une grave, l'autre en fausset; si vous lui coupez habilement les cordes vocales, vous possédez un matou qui ne miaule plus qu'en basse-taille.

Il est probable que l'état de sommeil amène chez certains sujets, et chez le caporal de Pommeroye en particulier, un relâchement des cordes vocales permettant l'émission de ces sons graves qui, à la chambrée, font le désespoir des voisins!

— Expliquer n'est pas tout, me dit Pommeroye, que j'ennuyais de mes réflexions physiologiques, il faut guérir!

— C'est bien simple, fais-toi couper le col, ou, ce qui vaut mieux, dors le moins possible et tout le monde sera enchanté, car, éveillé, tu es un charmant camarade et un parfait gentleman.

TOUJOURS DABO. — L'EMBUSCADE. — LE PHARMACO-NOTAIRE.

« Mes amis, nous, dit le capitaine, nous allons nous » amuser un peu.

» Messieurs les Prussiens viennent nous rendre une » visite demain matin, tâchons de les recevoir gracieu- » sement.

» Voici de quoi il s'agit.

» Ces Messieurs sont, vous le savez, dans Garrebourg à » deux lieues d'ici ; déjà ils sont venus à Dabo faire une » petite réquisition des objets dont ils pouvaient avoir be- » soin.

» Comme ce jour-là, sans doute, ils avaient assez de » viande ou n'ont pas voulu s'embarrasser d'une bête à » cornes, ils ont prié les habitants de la commune de » leur amener deux bœufs à Garrebourg, leur annonçant » que, si les bœufs n'étaient pas arrivés au jour dit, ils » viendraient le lendemain eux-mêmes en chercher » quatre.

» Or c'est aujourd'hui qu'on devait livrer les deux
» bœufs, et, comme j'ai défendu au maire de faire la
» livraison, les Prussiens vont venir demain en chercher
» quatre.

» Etes-vous contents, ai-je bien travaillé?

— Vive le capitaine !

« Ce soir, après souper, et ne craignons pas de soigner
» la carte ; avis à nos cuisiniers, Larkyns et Draskovitsh ,
» nous partons avec armes et bagages, disant adieu à
» Dabo.

» On nous croit sur la route du Schœnenfeld ; les
» espions apprennent aux Prussiens notre départ, nous
» leur faisons place, rien ne les gêne pour venir demain
» matin. A une lieue d'ici nous faisons halte, deux ou
» trois éclopés gardent les mules et nos bagages, et notre
» brave camarade Mabaret nous ramène par les sentiers
» que lui seul connaît, sur la route de Garrebourg, où nous
» installons incognito notre embuscade.

» N'oublions pas que le Prussien est matinal.

» Demain matin ils arrivent, et... je n'ai rien à vous
» dire, je vous connais. »

Je vous laisse à penser si le souper fut gai, si l'on était heureux !

Malheureusement la joie ne pouvait être bruyante, il fallait chuchoter, afin de ne rien confier aux trop nombreuses oreilles qui nous écoutaient. S'il ne fallait pas parler, au moins pouvait-on manger à discrétion et prendre les forces convenables pour passer la nuit à la belle étoile.

Enfin on leva le camp, et, à 10 h. du soir, la petite colonne prenait la route du Schœnenfeld.

Nous avions déjà trouvé que les aubergistes en général traitaient les francs-tireurs comme des touristes, et leur faisaient payer assez cher le droit d'aller se faire casser les os pour la défense de la patrie.

Mais, bah ! se disait-on, tant que nous aurons de l'argent en poche, allons-y gaiement.

Au moment du départ de Dabo, nous étions en rang l'arme au pied, presque en face de l'auberge où pour la plupart nous avions mangé et payé une note générale s'élevant à 52 fr. 10, ce qui représente pour cette petite auberge de Dabo, en temps ordinaire, la recette de bien des semaines ; on avait tout payé, jusqu'aux centimes, et donné pourboire à la fille, etc.

Le digne aubergiste vient trouver notre capitaine, et réclame 4 sols pour les allumettes que l'on avait usées chez lui et emportées !

O digne patriote ! dire que nous allions sauver un bœuf, deux bœufs à ta commune avec la chance de recevoir une balle ou un coup de lance !

Les 4 sols payés, nous partîmes, et le programme tracé

par le capitaine commença à s'exécuter : vers minuit nous étions installés dans notre embuscade.

Chacun s'accommode du mieux possible dans sa couverture ; on se blottit, on s'abrite mutuellement faisant rond autour des sapins; on attend avec patience l'heure qui doit nous faire apparaître nos ennemis les *réquisitionneux*.

Une sentinelle placée dans un buisson veille à notre sûreté, et doit nous avertir au moment voulu pour prendre nos dispositions de combat.

Tant bien que mal on s'endort, le silence est ordonné, tout feu interdit ; on n'a pas même droit à une allumette pour incendier le scaferlati.

Il faut chuchoter et non causer. Rien de mieux alors que de dormir.

Avant tout ordre donné, avant tout signal de la sentinelle, nous sommes éveillés par cette joie que donne infailliblement l'espoir d'un plaisir attendu.

Est-ce que le chasseur dort des deux yeux la veille de l'ouverture ?

Est-ce que l'amoureux n'attend pas les yeux presque ouverts l'instant où doit sonner l'heure du berger?

Le Prussien est matinal, nous avait dit le capitaine, et il avait raison.

Toutes leurs marches, je l'ai bien des fois constaté, se font au petit jour, surtout quand il s'agit de réquisitions et s'ils ne viennent pas dès le matin, soyez sûr qu'ils ne viendront plus que le soir ou le lendemain.

Cette tactique leur réussit malheureusement par notre faute.

Le travail, les veilles, les exécutions instantanées des ordres sont pour eux chose facile : chez nous, hélas! c'est impossible.

La discipline flasque et avachie à laquelle sont *soumis* nos soldats ne rend plus possible cette exécution des ordres à heures fixes. Cette expression *heure militaire* qui faisait trembler les lambins d'autrefois est aujourd'hui lettre morte.

Tout est plus exact que le militarisme; et remarquez bien que 5 minutes perdues par une escouade en rassemblement cela fait un quart d'heure pour la compagnie, une demi-heure pour le bataillon, une heure pour le régiment, trois heures pour la division.

Le corps d'armée arrive trop tard sur le champ de bataille, les lignes sont enfoncées, la bataille est perdue.

Je sais bien que c'est chose difficile, ennuyeuse pour les chefs de faire respecter l'heure; c'est un travail, une chaîne de tous les jours, car c'est à eux de donner l'exemple, autrement ils ne peuvent obtenir des hommes une ponctualité qu'eux-mêmes ne respectent pas assez.

Puisque je développe ce thème en ce moment j'emprunte à l'avenir un fait en sa faveur.

J'étais officier à l'armée de la Loire; pendant une marche froide, pénible, nous faisons une grand'halte dans un village.

Le commandant, regardant sa montre et le cadran de l'église, nous dit avant de faire rompre les rangs :

« A 11 h. 1/2, on partira, que tout le monde soit là. »

On se disperse, on cherche fortune dans les maisons, les cabarets, ceux qui n'ont rien trouvé s'assoient sur leurs sacs au soleil et mangent leurs viandes et leur pain glacés, arrosés avec le bidon... qui malheureusement n'était pas garni de Moët ou de Rœderer.

Il eût été bien *frappé* et à meilleur compte que chez Bignon, dame Nature faisant les frais de la glace et du sel réfrigérants.

11 h. 1/2 sonnent. Les sifflets retentissent, et, pour ma part, je m'essouffle dans mon petit instrument que je fais résonner dans toutes les maisons environnantes.

Je crie, je gourmande avec d'autant plus de rage que j'avais abandonné, par respect pour l'heure, l'espoir d'un moka aussi mauvais que bouillant.

— Rompez les faisceaux, dit le capitaine.

— *Aaarche,* dit le commandant, et la colonne se met en marche.

Mais que de chassepots restent là, gisants, veufs de tout soldat. La 2e compagnie se distingue par un amas de 20 à 25 orphelins ; dans la 1re, j'en comptais bien une douzaine, et ainsi de suite dans toutes les autres.

« Restez là, me dit le commandant, vous formerez une » colonne de tous les retardataires, et vous me ferez un » rapport de punitions. »

Je dois dire que je fus bien moins que gracieux pour tous les arriérés, que j'emmenai au pas gymnatisque (tant pis pour eux), afin de rejoindre le bataillon.

Deux jours après, mêmes circonstances se présentent. Grand'halte dans un village.

Le commandant regarde sa montre, le cadran de l'église, et nous donne rendez-vous pour 1 heure.

A 1 h. 1/2, nous étions encore, l'arme au pied, sur la route : ce n'étaient plus les hommes qui étaient en défaut cette fois.

Enfin le commandant paraît sur son cheval de bataille, qui semblait avoir mangé une excellente et copieuse avoine.

— « Eh bien, lieutenant, me dit un des punis de l'avant- » veille, est-ce que vous n'allez pas faire piquer un pas » gymnatisque au commandant?... Chacun son tour. »

Que pouvais-je faire, que pouvais-je dire?

Ne sont-ils pas bien coupables ceux qui viennent ainsi, par des infractions impardonnables, battre en brèche cet édifice si important et si délicat à la fois, qui s'appelle la discipline, et dont l'exactitude est une des pierres les plus indispensables?

Ceci dit, je reviens à mes moutons, ou plutôt à mes Prussiens, que nous attendions avec la plus grande impatience et une non moins grande immobilité.

Chacun avait choisi et occupé son poste de tirailleur. Les uns à genoux, les autres cachés derrière un très-gros arbre, derrière un rocher, derrière un buisson dans lequel on avait avec soin ménagé une meurtrière et en même temps une branche coupée en fourche pour faire appui au fusil et être plus sûr de la justesse du tir.

Dix fois, vingt fois on avait mis le fusil à l'épaule, préludant ainsi à un tir assuré, mortel.

Le soleil peu à peu montait à l'horizon et disait : l'heure s'avance : 5 heures, 6 heures arrivent, les doigts frémissent impatients sur les gâchettes, les yeux percent l'espace, les oreilles s'évertuent à entendre : le moindre bruit devient un espoir, on cherche à percevoir les moindres ébranlements du sol.

On attend, on attend toujours.

Combien seront-ils? dix, vingt, cent?

Cavalerie ou infanterie?

Et le soleil montait toujours : 7 heures, 8 heures, rien, toujours rien !

— 10 heures, dit à mi-voix le capitaine, décidément ce

ne sera pas pour ce matin : ce sont de vieux renards, mais nous sommes de fins braconniers et je ne pense pas qu'ils aient éventé notre embuscade ; ce n'est qu'un retard sans doute, ils ont voulu laisser à la commune de Dabo 24 heures de répit pour s'exécuter.

Ils attendent encore ce matin la réquisition, mais si elle n'est pas arrivée à midi, ils se mettent en marche, et, vers 4 heures, 5 heures au plus tard, nous les verrons arriver.

— Dieu et nos chassepots vous entendent, capitaine !

— Allons, mes enfants, il fait grand jour, je place deux sentinelles au lieu d'une, afin de n'être pas surpris ; donc vous pouvez fumer, mais soyons silencieux, et reposons-nous tranquillement.

— Quant au déjeuner vous n'en parlez pas, capitaine, murmura ce pauvre *muletier*, dont la face jeune, pleine et réjouie prouvait bien qu'il n'était pas dans ses habitudes de passer par dessus l'heure des déjeuners.

Ce brave *muletier* était bien le meilleur garçon du monde ; doux, serviable, toujours à la disposition des camarades qui tous étaient pour lui des amis.

Chargé du soin de nos bêtes de somme, sa vie était un enfer et il riait toujours.

Depuis Paris où traînant sa mule et son petit cheval jaune, il avait culbuté deux fois (devant le café Anglais et place du Château-d'Eau) les cantines mal sanglées, jusqu'à Lallemant Rombach où il faillit les perdre dans un bourbier, sa vie n'avait été qu'un long martyr, mais jamais sa gaieté, sa bonne humeur n'en avaient été altérées : je puis même ajouter que son embonpoint et sa fraîcheur, qui l'avaient fait parmi nous surnommer *la Grosse Nounou*, se riaient de tous les irréparables outrages de la marche et de la fatigue.

Il y eut cependant un mouvement d'humeur, une ride sur son front, quand, à cette question de déjeuner, le capitaine répondit très-tranquillement.

— Ah ben ! l'heure est passée maintenant, ce sera pour demain.

La perspective était un peu dure ; mais il n'y avait rien à faire !

Nous avions laissé nos sacs avec les mules et les bagages ; quelques morceaux de pain, de sucre, de chocolat, étaient les seules provisions que renfermaient les poches privilégiées.

Ce qu'il y eut de plus sûr pour nous faire croire que notre estomac était bien garni, fut de serrer d'un cran ou deux la boucle des ceinturons ; ce qui vaut mieux encore et ce que je ne saurais trop recommander, c'est de resserrer la ceinture de laine qui entoure le corps.

Cette compression méthodique opérée depuis le sternum jusqu'aux hanches et même au-dessous (ne craignez pas d'empiéter sur l'abdomen), rassasie les plus affamés ; je suis sûr qu'en la pratiquant tous les jours on arriverait à des résultats prodigieux d'économie culinaire.

Une fois la digestion faite, on s'étendit sur l'herbe bien à point réchauffée par le soleil d'un beau jour de septembre, et l'on recommença à attendre le fameux moment des coups de flingot.

A 7 heures du soir nous étions encore là, comme sœur Anne, et l'obscurité qui arrivait nous était un sûr garant que les Prussiens ne viendraient plus.

Ils ne sont pas chauves-souris du tout.

— Allons, mes amis, partons, dit le capitaine, que voulez-vous ? C'est un coup manqué, je n'y comprends rien. Messieurs les Prussiens n'ont cependant pas habitude de faire ainsi aux communes abandon des réquisitions. Ils en sont très-friands, au contraire. Je n'y comprends rien, je le répète.

— Ils ont trop peur de nous pour se risquer dans les cantons *où je suis*, exclama le jeune M..., pauvre petit soldat, myope et sourd à plaisir, qui se croyait toujours un Goliath.

Un jour le capitaine, en faisant une ronde, le trouve en faction, et désireux de lui prouver que sa surdité le rendait impropre à ce métier, le capitaine, dis-je, l'approche à un demi-pas, éternue avec toute la puissance de ses vigoureux poumons. M....... tombe à plat ventre.

Depuis ce temps il ne parla plus de se comparer à Goliath.

Nous reprîmes piteusement, l'oreille bien basse, le chemin de Dabo où l'on comptait passer la nuit, et en tout cas se restaurer un peu, car, même dans les plus grandes douleurs, un moment vient toujours où la nature reprend ses droits.

Les mules et les éclopés de garde vinrent nous retrouver; les vivres de campagne, aidés de provisions retrouvées dans le village, permirent de constituer un repas fort sortable, surtout pour des estomacs qui avaient fait 24 heures de jeûne, au grand air, à la belle étoile.

Je vous affirme que l'appétit, ce premier assaisonnement de tous les mets, ne fit pas défaut.

Le repas, triste d'abord, s'anima, s'égaya peu à peu. On se consola par l'espoir d'une revanche prochaine, et l'on songeait déjà au sommeil quand notre capitaine entra bruyamment, les poings fermés, les sourcils froncés; il n'avait pas l'air bon.

« Mille millions de tonnerres, dit-il en frappant vigou-
» reusement sur la table dont les verres sautèrent comme
» les maisons de Lisbonne en 1755.

» Mille millions de tonnerres! que le diable, la Prusse et
» Bismarck emportent toute cette séquelle de paysans,

» de rustres et de maires qui ne vaut pas la peine qu'on » se donne pour elle!

» Reprenons nos chassepots, mes enfants, et fichons le » camp à Paris ou ailleurs, allons chercher des hommes, » il n'y en a pas dans ce pays-ci.

» Ah! les Vosges, les montagnards, en voilà de fameux » patriotes! Ils sont donc pourris et ramollis, il n'y a donc » plus chez eux que l'eau des torrents qui est saine, les » sapins de la montagne qui sont nerveux.

» Mille millions de tonnerres! j'amène de Paris quarante » braves garçons qui demandent à se faire tuer avec moi » pour protéger leur pays, et qui pourraient faire toute » autre chose, et à notre nez, à notre barbe, un j. f. de » maire, plus idiot que son écharpe n'est tricolore, plus » lâche que ses sabots ne sont en bois, vient nous faire » des tours de passe-passe, nous oblige à jeuner, à veiller » pour le roi de Prusse!

— Mais enfin, capitaine, qu'y a-t-il donc?

» Mille millions de tonnerres! laissez-moi tranquille, » je ne vous parle pas, je ne parle à personne. Je verse » ma colère (et il le faut), sans cela j'aurais déjà mis » le feu à Dabo et pendu le maire au clocher de son » village, qu'il n'est même pas digne de regarder en face, » puisqu'il n'est pas capable de le défendre.

» Savez-vous bien ce qu'il a fait, ce maire, cette espèce

» de mannequin à écharpe, cet âne bâté, plus lâche que » le dernier des lapins qui grouillent dans ses garennes.

» Il a envoyé les bœufs aux Prussiens, par une route » détournée, pendant la nuit, afin que ces messieurs aient » de bonne viande bien fraîche et en abondance pendant » que nous jeûnons à la belle étoile.

» Voilà, mes enfants, voilà les faits et gestes de M. le » maire de Dabo! »

— A mort, à mort! cria-t-on, hurla-t-on de toutes parts.

— Il faut le pendre.

Il faut le brûler.

Il faut l'empailler, lui boire son vin.

Emmener sa femme comme cantinière (si elle en vaut la peine).

A mort, à mort, et le conseil municipal avec, et l'aubergiste par dessus le marché!

Heureusement le capitaine, après sa bordée lâchée, s'était calmé en se promenant en long en large dans la pièce, et avait réfléchi sérieusement, très-sérieusement.

La preuve, c'est qu'il avait retiré son pince-nez, signe infaillible chez lui d'une profonde méditation.

Si j'étais myope, du reste, j'en ferais autant.

Évidemment en se retirant la possibilité de percevoir aussi complétement les objets extérieurs, on augmente la puissance de réflexion; sourd et aveugle on médite mieux.

— Calmons-nous, mes enfants, nous dit le capitaine en remettant son pince-nez.

Peut-être moi-même aurais-je dû vous donner l'exemple de plus de modération; mais que voulez-vous? j'ai été blessé de cette inqualifiable lâcheté, de ce rôle stupide qu'on vous a obligé de jouer, je n'ai pu retenir ma colère; mais si le soldat, le camarade a souffert et s'est emporté, le capitaine doit reprendre son rôle et vous commander le calme et la modération.

Comptez sur moi pour parler au maire, pour le traiter comme il le mérite; mais en tout cas ne donnons pas l'exemple des violences; nous ne sommes peut-être pas chez des Français, mais nous sommes en France; ne donnons pas, à nos ennemis mêmes, le spectacle des lâchetés qui se commettent et qui ne pourraient qu'enhardir leur audace.

Réglons nos comptes, sans oublier cette fois de payer les allumettes, et partons.

Peut-être avant peu retrouverons-nous une meilleure occasion. Je vous réponds que je chercherai moyen de faire payer aux Prussiens notre mystification de ce matin.

Partons, et, du haut de la montagne, nous pourrons, comme Pyrrhus quittant Rome, jeter sur le village de Dabo un regard de mépris.

La bruyante colère du capitaine, les clameurs de la

troupe n'avaient pas éclaté sans jeter une certaine émotion, dans l'auberge d'abord, dans le village ensuite.

Tout le monde était sur pied, sans doute le maire était déjà en fuite, et les pompiers à leurs *pièces*, la lance au poing.

On voyait déjà le meurtre et l'incendie dans le pauvre village, et l'on fut bien surpris de nous voir sortir et nous préparer au départ avec le calme le plus grand, sans aucune velléitée de troubler l'ordre.

Nous étions bien un peu mauvaises têtes, un peu raisonneurs, les quarante ! mais au fond nous n'obéissions pas trop mal à notre capitaine.

Quand on nous vit si calmes, on se rapprocha de nous ; je n'oserais même pas affirmer qu'il n'y eut pas quelques prévenances égarées par-ci par-là en notre faveur ; on semblait avoir à cœur de nous faire oublier notre mésaventure, dont peut-être toute cette population n'était pas complice.

Peut-être le maire était-il seul coupable ? Nous étions peut-être bien dans notre petite sphère, dans ce petit, tout petit détail de la grande guerre, victimes, de cette lâcheté générale, administrative, qui avait rendu, sans coup férir, Nancy, Châlons, comme plus tard dans la grande désorganisation, la lâcheté politique devait rendre Metz !

Lorsqu'il y a dans une nation une croyance, une foi,

quelle qu'elle soit, il peut y avoir de bonnes et grandes choses faites.

Quand il n'y a plus que des dévouements de mauvais aloi au service d'intérêts purement matériels, la nation est perdue.

Est-ce que, par hasard, M. le maire de Dabo, créature abâtardie de quelque sous-préfet plus corrompu encore que ses créatures par le régime *philargyre* de Napoléon III, est-ce que par hasard, dis-je, ce maire pouvait avoir conscience de ce qu'il avait fait, du système qu'il appliquait ; lui, serviteur servile d'un pouvoir qui lui dictait ses moindres décisions, devant lequel il s'était habitué à trembler, et qui eût condamné les moindres actes de sa responsabilité, de son initiative?

Il livrait ses bœufs insciemment, par ce besoin immensément développé à notre époque, de ne rien trouver dans le chemin de la vie qui fasse obstacle, qui fasse gêne.

Livrer les bœufs : c'était tout simplement éviter au village une incursion à main armée, éviter une défense qui eût couté quelques bras, quelques jambes ; qui eût fait brûler une poudre bien mieux réservée pour un feu d'artifice tiré par ordre, dans un jour d'enthousiasme réglementaire.

La patrie, l'honneur national, le sol français foulé par des étrangers.

Ah ! quels vains mots sous un régime de droit, auquel on ne croit que pour aujourd'hui, et dont toute la valeur se tarife par la cote officielle du beurre au dernier marché !

Assis sur un beau sapin, j'en étais là de mes réflexions lorsqu'un Daschbourgeois, d'une tenue toute particulière, vint familièrement s'asseoir auprès de moi et m'offrit d'allumer fraternellement ma pipe à la sienne.

Il portait à la main une lanterne phénoménale qui me rappela celles des *Pilules du diable,* laquelle en renfermait huit ou dix toutes allumées.

Quelques centimètres de plus et elle aurait pu servir de guérite à un factionnaire.

Grâce à cette chandelle qui brûlait au milieu de ce petit monument portatif, je pus examiner mon voisin, tout disposé du reste à la conversation.

La première chose que j'aperçus ce fut une paire de lunettes bleues placées sur un nez que je ne pus apprécier ; elles le cachaient tout entier.

Au-dessous des lunettes, j'aperçus une immense ouverture, une bouche sans doute, fermée par des lèvres minces et colorées comme des filets d'anchois.

La tête, pour en terminer la description, était couronnée d'une casquette en cuir noir, sans visière, et entourée, comme d'une enceinte continue, d'une fourrure qui, de son vivant, avait dû miauler dans les gouttières.

Le corps était enveloppé d'une immense lévite noire, constellée de deux rangées de boutons; on apercevait dans le bas deux bâtons enserrés dans des fourreaux de toile d'un bleu vague (des jambes sans doute), qui se terminaient par une paire de ces chaussures que l'on rencontre à la campagne seulement.

Chaussures cosmopolites, qui rappellent la botte, le sabot, la galoche, la bottine, tout, en un mot, excepté l'élégance.

Bref, mon voisin me rappela tout à fait un vieil essuie-plumes usé.

— Vous allez donc quitter Dabo, me dit-il avec un organe dans lequel il y avait du Gil Perez uni à du Brasseur ?

— Et de grand cœur, je vous affirme, monsieur le Daschbourgeois, oh ! l'affreux pays que le vôtre, et comme il mériterait de n'avoir jamais été bâti.

— Il y a cependant bien longtemps, monsieur le franc-tireur, que notre ville, ou plutôt notre village existe.

Dabo, village de la Meurthe, arrondissement de Sarrebourg dont il est distant de 20 kilom., a été élevé au XVIIe siècle près de l'emplacement de la ville de Daschburg, jadis capitale du comté.

Le comté de Daschburg, vassal des évêques de Strasbourg, est passé en 1250 à la maison de Linange.

En 1679, le château dont vous avez pu apercevoir quelques restes fut détruit par les Français et en même temps la ville, qui fut remplacée par ce modeste village de 1,515 habitants, plus votre serviteur.

— Ce qui fait alors 1,516, si je sais bien compter.

— Oui, monsieur, oui, parfaitement oui, comme j'ai l'honneur de vous le dire.

Evidemment, pensais-je en moi-même, c'est le secrétaire de la mairie; un homme aussi ferré sur le dénombrement de la population doit appartenir à la haute administration. Il vient me pressentir au sujet de nos vengeances à l'égard de son seigneur et maître, monsieur le maire de Dabo.

— Je vois, monsieur, que vous avez étudié l'histoire de votre pays; n'y avez-vous pas rencontré dans les grandes époques du moyen âge quelque exemple de courage civil ou militaire, qui pourrait faire pendant à celui que donne en ce moment le premier magistrat de votre commune?

— En 1471, Jean Schewen, paysan du village, se laissa pendre plutôt que de dénoncer un voisin qui avait volé six bottes de paille dans l'écurie du vicomte de Linange, lequel, au respect que je vous dois, était un franc-vaurien.

En 1521...

— Décidément, monsieur, vous êtes un érudit, interrompis-je... vous m'étonnez.

— Mon Dieu, monsieur le franc-tireur, dans notre pauvre pays on n'a pas grand'chose à faire ; je ne suis plus jeune pour courir les lièvres et tuer les bartavelles dans la montagne. J'utilise de mon mieux les loisirs qui me restent entre mon étude et ma pharmacie.

— Comment avez-vous dit? j'ai mal compris, vous appelez votre pharmacie une étude, comme les perruquiers d'aujourd'hui appellent les garçons leurs clercs ?

— Non pas, monsieur le franc-tireur, je suis notaire et pharmacien : les affaires sont si minimes dans nos pays, il faut bien avoir deux cordes à son arc. Cela vous étonne, et cependant c'est la pure vérité.

— Cela m'étonne, mais pas trop ; mon père m'a parlé d'un notaire de je ne sais quel pays qui, tout en faisant des ventes et des sous seings privés ne dédaignait pas de vendre de l'épicerie.

N'avons-nous pas eu l'*abbé Chatel*, cet épicier réformateur de 1830, qui, dans sa boutique donnait pour deux sols une chandelle et sa bénédiction.

Malheureusement l'abbé Châtel fut mis en prison parce qu'il s'occupait trop de politique et pas assez de mélasse, et le notaire fut condamné en police correctionnelle pour avoir vendu à faux poids.

— Ah ! monsieur le franc-tireur, que me dites-vous là ! J'ai failli passer par là pour avoir...

— Oublié une purge d'hypothèques légales ?

— Non, monsieur le franc tireur, pour avoir mis 20 gouttes de laudadanum de trop dans le lavement, sauf le respect que je vous dois, du maître de poste de Garrebourg.

— Et vous avez été acquitté ?...

— Oui, monsieur, il y a eu des circonstances atténuantes; vous comprenez, dans une poste il y a des chevaux auxquels ce genre de remède est appliqué, il pouvait y avoir eu confusion, on pouvait s'être trompé d'animal... de malade, je veux dire. Et puis heureusement pour moi, il n'y a pas eu mort d'homme, le maître de poste de Garrebourg se porte comme vous.

— Allons, il a eu plus de chance que son confrère de Charenton et vous que le docteur de G...

— Ah ! monsieur le franc-tireur, vous connaissez cette histoire trop véridique. Que de fois elle m'a fait frémir !

— C'est égal, monsieur le pharmaco-notaire, je vous avoue que je trouve votre position bien scabreuse, bien effrayante. Pharmacien et notaire !

D'un côté la belladone, le laudanum, l'émétique, le tartre stibié, comme vous dites, et *tutti-quanti*... de l'autre, les testaments, les successions, les partages... Diable, mais savez-vous que vous tenez dans la main les causes et les effets... Une pharmacie ! mais c'est l'achalandage d'une étude, et je vous affirme bien que si ces habitudes de cumul se propagent, je n'aurai jamais mon notaire pour médecin ou mon médecin pour notaire. Rien que d'y penser j'en ai froid dans le dos.

— Eh bien, monsieur le franc-tireur, si, pour vous réchauffer, vous acceptiez de trinquer avec moi, j'ai chez moi un vieux kirsch qui n'est pas sans réputation.

— Allons, j'accepte, mais le kirsch du notaire, pas celui du pharmacien, je le connais trop.

Formule { Aqua distillata de laurier-cerise.
Alcool vini.
Eau, quantité suffisante.

F. S. C. (fac secundum artem.)

— Mais monsieur est de la partie, s'exclama mon hôte enchanté.

Laissons-le dans son illusion, pensai-je en moi-même, il doublera la dose, et si le kirsch est bon, je me laisserai faire.

Et voilà comment, au lieu de mettre le feu à Dabo, j'y pris un, deux, peut-être même trois verres d'excellent kirsch.

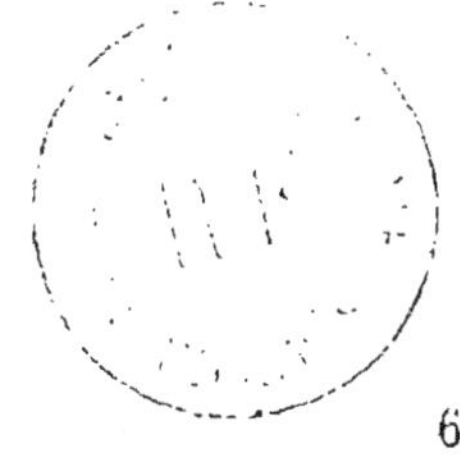

SCHŒNENFELD.

Du Schœnenfeld, le 27 septembre 1870.

A Madame Lise D......

CHÈRE AMIE,

Les nouvelles plus ou moins vraies qui nous arrivent tant bien que mal au milieu de nos montagnes, racontent que les Prussiens sont autour de Paris, qu'un cercle d'enveloppement se forme autour de la grande ville et que les lettres, les dépêches seront arrêtées.

Est-ce vraiment possible? Il y a un mois à peine que je vous ai quittée vous, ma mère, tous nos amis, et nous serions séparés par cette ligne barbare!

Mais qu'est donc devenue notre pauvre France? qu'a-t-on donc fait là-bas?

Que sont devenus les hommes, les courages, les énergies qui doivent surgir quand on frappe du pied sur le sol français?

Paris investi, cerné par un cercle de Prussiens! Mais, jour de Dieu, c'est impossible. !

Je ne veux pas, je ne peux pas y croire.

J'ai reçu une lettre de vous qui, de cascade en cascade, portée par des employés de la poste, des braconniers, des gardes-forestiers m'est enfin parvenue à Dabo, — et votre lettre dit que la France se lève, que tout est mis en œuvre pour résister et que Paris peut vivre tranquille : que nul ne le touchera. — Et vous dites, courage, espoir aux défenseurs du dehors.

Je crains bien, hélas! que vous n'ayez chanté le chant du cygne et je me prends à douter que cette lettre vous arrive.

Quelle honte et quel désastre !

Il n'y a pas deux mois que la guerre est commencée, les Prussiens sont à Paris! Alsace, Lorraine, Champagne; C'est-à-dire Strasbourg, Metz, l'Argonne, rien ne les a pu arrêter!

Et quand je pense que Dumouriez n'avait pas 20,000 hommes, pour défendre les Islettes et Grand-Pré!

Où donc en sommes-nous? quelle est notre valeur, quelle est notre puissance?

Je n'ose vous dire toutes mes pensées, je vous cache la moitié au moins de mon cœur pour que ma lettre ne soit pas trop triste, mais il me semble que l'on ne doit pas désespérer tout à fait et de tout.

N'avez-vous pas, vous, quelque confiance dans Paris même, qui certes est bien gangrené, bien taré par une existence de luxurieux égoïsme en vigueur depuis vingt ans. — Mais enfin il doit y avoir une chose bonne dans cette ville qui est une tête, qui est un cœur.

On a sur les boulevards, sur les théâtres, tant crié à Berlin, tant chanté *la Marseillaise,* que nous sommes bien en droit de penser que tout cela n'est pas du patriotisme de commande ou de l'enthousiasme alcoolique.

Après les chants, après les cris, viennent les actes. Soyez sûrs là-bas que nous faisons ici tout ce que nous pouvons pour vous aider.

Je puis enfin vous le dire, puisque nous y sommes, notre but était Saverne.

Nous sommes partis de Paris avec des plans fournis par le ministre de la guerre, avec des fils électriques, des mèches, des engins de toute sorte pour aller mettre le feu aux fourneaux de mine du tunnel de Saverne, et dans quelques heures nous y serons, et les Prussiens seront plus en peine de cet écroulement que d'un escadron de uhlans anéanti.

Songez donc ce que c'est qu'un tunnel écroulé! — On ne peut songer à le déblayer pour le refaire. — Alors c'est une montagne entière qui se dresse! et avant de faire passer un train il faut refaire toute une ligne.

Un pont se refait en quelques heures avec des poutrelles des longrines, un viaduc se remplace par un échafaudage; mais un tunnel écroulé, c'est un obstacle vrai.

Jugez donc, chère amie, quelle doit être notre joie d'être enfin arrivés à travers tant de dangers, tant d'embuscades, à quelques mètres de ce fameux tunnel de Saverne!

Je dois vous dire que pour le moment nous sommes vraiment bien récompensés de nos peines, de nos fatigues.

Notre campement au Schœnenfeld est un vrai décor d'opéra-comique. — Figurez-vous un splendide rocher qui coiffe une montagne plantureusement boisée. — A droite, à gauche, en avant, en arrière, des escarpements qui rendent notre gîte inaccessible. — Nous sommes là blottis comme une couvée d'aiglons.

Pour comble de bonheur, le rocher sur une de ses faces s'avance en surplombant et forme un abri naturel dans lequel nous nous sommes merveilleusement installés. — Je ne puis vous décrire les splendeurs d'architecture auxquelles chacun se livre; je vous dirai seulement que notre *tribu* s'est offert des sommiers élastiques savamment combinés par mon ami J..., le plus douillet, le plus raffiné des *Quarante* (sans en avoir l'air).

Que de peines, que de jurements, que de grognements ces sommiers lui ont coûté!

Combien il a eu à faire pour obtenir de tous en général, et de Georges Queulain en particulier, un travail énergique !

Enfin il est arrivé à ses fins et pendant que je crayonne cette lettre, J... repose moelleusement sur les merveilles de son invention. — Je l'ai essayée, elle est vraiment magique et j'attendrais avec impatience l'heure du repos si je ne préférais à tous les instants que je passe dans l'intimité de mes plus charmants souvenirs!

Voici comment s'y est pris notre ami J... pour obtenir ce coucher oriental.

D'abord sur le sol une couche de branches de sapins avec leurs feuilles, afin d'éviter les fraîcheurs de la terre (il pense à tout, notre ami J...); puis un gros sapin étendu tout en long et formant la tête du sommier. — Sur ce sapin on a rangé une à une, bien méthodiquement alignées et juxtaposées, des branches choisies au milieu de toutes les essences dont la forêt abonde.

Chaque branche, qui a au moins 2 mètres de long, repose d'un côté sur le sapin qui l'élève de 12 à 15 centimètres, de l'autre sur le sol, et forme ainsi un plan incliné élastique : sur ces tiges alignées on a jeté d'abord des branches grossières, puis une épaisse couche de fougères.

Je voulais ajouter un peu de cette mousse verte et appétissante qui foisonne dans la montagne, mais J... a prétendu qu'il ne voulait pas ressembler à un abricot dans un compotier.

Le toit de notre gourbi est fourni par le rocher même qui s'avance en porte-à-faux; nous avons ainsi 7,842,700 kilogrammes de grès rouge, suspendus sur nos têtes; mais ne vous inquiétez pas, la nature est bon architecte et rien ne s'écroulera.

On me gourmande bien un peu pendant que je vous écris et j'aurai de la peine à ne pas raccourcir ma lettre. On prétend que je suis un sentimental, un *écrivassier* et que je ne m'occupe pas assez du dîner. — Notre cuisinier, M. le comte Draskowich, vient d'arriver comme un vrai Saint-Jean *habillé*, portant en sautoir un mouton qu'il a acheté dans la montagne. — Il s'agit de le manger (le mouton), et, qui plus est, de le préparer.

Je ne désavoue pas ma science pour fabriquer convenablement une côtelette financière, mais à une condition, c'est qu'on ne me donnera pas la côtelette accompagnée du mouton tout entier, avec sa toison.

Heureusement je compte un peu, même beaucoup, sur le talent de notre camarade Harry L***, un officier de l'armée anglaise dans les Indes, qui a beaucoup pratiqué l'art de dépecer les rhinocéros et les éléphants!

Pour lui, un mouton ne sera qu'une bagatelle.

Vous voyez, ma bonne amie, par tous ces détails, ce

qu'est notre existence et combien les choses de la vie, dormir, manger, boire, tiennent de place dans la journée du soldat !

On ne se bat pas tous les jours, et puis se battre n'est pas bien difficile, surtout avec un chassepot qui se charge si facilement et qui porte si bien. — Mais tous les jours il faut manger, ainsi le veut la nature, et en campagne il faut tout faire : trouver les vivres, les faire cuire (quand on n'est pas arrivé à la hauteur du sauvage ou du Cosaque); il faut du bois, il faut de l'eau, il faut du feu, et tout cela ne vous laisse pas grands loisirs.

Et, chose bizarre, que je vais vous avouer, au risque de dépoétiser à vos yeux toute la vie militaire et de faire tomber dans la casserole les lauriers des conquérants, la nourriture, le *boulotage*, comme dit le soldat, est la chose la plus grave, la plus sérieuse dans le grand art des Jomini, des Bonaparte et des Turenne.

Un soldat mal nourri est un soldat battu; et le plus difficile à apprendre en guerre, ce n'est pas de tuer ou de se faire tuer, c'est de savoir *tirer des plans*, comme dit notre lieutenant Girard, pour manger un bon *frichti* fait avec de mauvaises choses. Les uns par paresse, d'autres par insouciance, ceux-là par excès de fatigue, mangent à peine quelques bribes d'une nourriture mal préparée et ne s'aperçoivent pas qu'ils enfilent la route de l'ambulance.

Aussi n'est-ce pas seulement au feu que l'officier, le bon officier, doit s'occuper de ses hommes, les stimuler; certes le rôle n'est en ce cas ni brillant, ni séduisant; mais c'est encore plus au camp, au bivouac, qu'il doit regarder chaque homme, le forcer à faire son feu, sa soupe, et au besoin le *mettre au clou* s'il ne mange pas, s'il ne mange pas beaucoup.

Pardon mille fois, ma bonne amie, de vous faire un pareil cours de cuisine militaire, et je suis bien sûr que vous ne pensiez pas à tous ces détails de la vie des camps lorsque, jeune Malcolm, officier dans les troupes de Duncan votre père, vous récitiez les beaux vers de notre pauvre ami Lacroix.

Il est vrai qu'alors le public vous applaudissait, et que moi je vous ennuierais beaucoup si je continuais sur le même ton.

J'aime mieux vous raconter une petite expédition que nous fîmes hier soir et dont quelques détails sont assez piquants.

Nous avions eu à Dabo maille à partir, il y a quelques jours, avec les Prussiens, et aussi avec un certain maître d'école dont les fils, faisant métier d'espions, nous avaient échappé.

Ledit maître d'école, installé à Garrebourg, vivait en très-bonne grâce avec le major prussien et attendait patiemment une bonne place de percepteur ou receveur particulier dans l'administration tudesque.

Pour gagner les bonnes grâces de son major, il nous faisait espionner par ses deux fils, dont l'un surtout, ouvrier de fabrique, frère ou bien proche parent du pâle voyou de nos boulevards, avait eu le toupet, pour mieux nous inspecter, de venir se proposer comme engagé volontaire et vanter à notre capitaine sa bravoure, sa connaissance du pays, etc., etc.

Notre capitaine, peu satisfait de ce citoyen aux allures faubouriennes, l'avait plus que facilement éconduit.

A peine le voyou avait-il repris la grande route d'un pas rapide et décidé, qu'un brave habitant du bourg arrivant en carabinier d'Offenbach raconta tout ce qu'il savait du maître d'école de Garrebourg et de ses fils.

Tout le monde bondit; notre orientaliste B... part, court, perd haleine, nous rattrape le voyou et lui met le revolver sous le menton pour le ramener au village.

Malheureusement B... n'a pas fait jouer la gachette du revolver !

On enferme le fils du maître d'école et on instruit son affaire. — C'est niais, mais c'est humain. — On allait le juger quand une alerte nous oblige à courir aux armes. — On remet l'accusé entre les mains du maire, avec ordre de le veiller de près.

A notre retour, nous étions heureux de n'avoir pas brûlé toutes nos cartouches. Chacun en avait gardé au moins une pour le pâle voyou.

Nous avions compté sans M. le maire de Dalo, qui avait bien verrouillé la porte du prisonnier, mais lui avait laissé la libre disposition d'une fenêtre au rez-de-chaussée.

Donc plus de prisonnier... nous étions *refaits*.

Hier soir, en devisant autour d'une chandelle, on réfléchit que Garrebourg n'est pas loin, que les Prussiens l'occupent en assez petit nombre et qu'au besoin on pourrait bien aller repincer notre oiseau envolé.

Prendre le renard dans sa tanière, c'est toujours séduisant.

Les plan est arrêté ainsi.

1° Deux des nôtres qui parlent l'allemand comme Schiller, vont se déguiser en n'importe quoi, marchands de bois, de porcs, de vaches, de tabac peu importe; ils prendront la spécialité qui leur sourira le plus. — Ainsi déguisés, ils pénétreront dans Garrebourg, étudieront les lieux, les forces de l'ennemi.

Pendant ce temps, une petite escouade de six hommes, avec le lieutenant Girard pour chef, s'approchera de Garrebourg le plus possible, se blottira dans quelque jardin, et là attendra, pour agir, les renseignements des camarades déguisés. — Enfin le reste de la compagnie, sauf quelques hommes, restés à la garde du camp, s'arrêtera à quelques centaines de mètres de Garrebourg, prête à appuyer l'expédition.

Tout se passa pour le mieux. Au bout de deux heures d'attente qui nous parurent bien longues, nous vîmes revenir nos camarades conduisant bien garrotté le papa de nos espions, le maître d'école, le futur receveur particulier qu'ils avaient été prendre dans sa maison, dans son lit, au nez et à la barbe des Prussiens en patrouille dans le village.

A ce propos un curieux détail . — Nos deux amis déguisés s'étaient installés dans un cabaret de Garrebourg et buvaient en quêtant des renseignements.

Quatre hommes et un caporal prussiens entrent dans le cabaret et leur demandent ce qu'ils sont, où ils vont, d'où ils viennent ?

« Nous sommes des marchands de bois, nous avons » une voiture sur la route, et nous venons chercher du » renfort, nos chevaux n'en peuvent mais. — Ne pour» riez-vous pas nous dire où nous adresser pour avoir » un cheval, vous nous rendriez service. »

De là à offrir une chopine au schlagman, il n'y avait qu'un pas. — Et le schlagman, accepta. — Mais une fois son verre vide, le drôle eut des doutes sur la voiture en question. Il sembla consulter ses hommes ; il paraît que, même en Prusse, on discute quelquefois sous les armes.

7

Les uns voulaient aller à la voiture, d'autres rentrer au poste. Bref on s'en remit au hasard, à la courte paille.

« Hélas! nous disait Harry Laikens désolé, la courte paille a dit non! ils sont allés se coucher les *pigs*, sans cela nous les amenions à l'embuscade, et à moins qu'ils n'aient voulu faire les méchants, nous avions cinq jolis petits prisonniers, qu'on aurait rudement fait travailler. »
« J'en prenais un pour femme de chambre, exclama le » sybarite J***, et son casque pour lavabo. »

Quant au sémillant fourrier Édouard G***, il aurait donné les cinq Prussiens pour la moitié d'une cantinière. En somme nous n'avons de tout cela que notre maître d'école qui ne paraît pas très-effrayé de son sort, et ne réclame comme égards que beaucoup de tabac à priser.

Je vous disais bien, chère amie, que ma lettre serait écourtée.

Voilà Harry L... qui me tourmente pour l'aider à dépecer son mouton; on tire des coups de fusil en bas de la montagne; un garde forestier raconte qu'il y a des Prussiens tout autour de nous, je ne sais auquel entendre.

Que faire au milieu de tout cela!

Vous embrasser de grand cœur et vous dire au Shœnenfeld, comme à Nogent.

A toujours!

ADIEUX AUX VOSGES.

Château de Sainte-Sabine, le 2 octobre 1870.

MA BONNE MÈRE,

Comme tu seras heureuse et rassurée si cette lettre te parvient !

Une lettre datée de Sainte-Sabine !

Une lettre dont la date seule te dira que je suis chez de bons cousins et amis qui ont pris tous soins imaginables pour réconforter, nettoyer le soldat qui depuis Recquewhyr, depuis un mois, n'a pas pu coucher dans un lit ! qui depuis 19 jours n'a pu quitter ses bottes de campagne !

Mais d'abord comment suis-je à Sainte-Sabine, à 12 lieues de Dijon ?

Lorsque notre expédition si dangereuse, si pleine de péripéties émouvantes, se trouva terminée à Saverne par le cruel désenchantement d'un demi-succès, nous dûmes revenir sur nos pas et reprendre la route de Dabo et du

Grosmann, toujours au milieu des Prussiens qui nous serraient de près.

A notre retour au Grosmann, nous eûmes à nous louer de la charmante hospitalité qui nous fut offerte par M. Chevandier de Valdrome, dont la propriété seigneuriale s'étend au bas de la montagne dans la vallée de Saint-Quirin.

Pendant que nous nous reposions un peu dans la ferme du Grosmann, ornée des charmes de la belle Thérèse, mais de fort peu de provisions, notre capitaine accompagné du caporal de Courcy (le brave des braves) s'en fut chez le Chevandier solliciter quelque ravitaillement pour ses hommes.

Ce fut pour nos deux amis une cruelle amertume de nous rapporter le récit des générosités mises à notre disposition par le riche propriétaire de la vallée.

Ce digne patriote nous envoyait la nuit (peur de se compromettre) une douzaine de bouteilles de vin que l'on devait trouver cachées auprès d'une fontaine désignée, ne voulant pas que son émissaire allât jusqu'à notre campement.

Douze bouteilles de vin! et nous avions les dents longues! et nous étions quarante, et nous avions en plus avec nous une douzaine de soldats échappés de Wissembourg, de Reischoffen qui mouraient de faim dans la montagne.

A propos de ces pauvres fugitifs, il faut que je te raconte le bonheur de deux d'entre eux, deux turcos.

Nous avions un de nos camarades, orientaliste distingué, qui parlait le turc, l'arabe, etc.... Il s'appelait Boucher, mais n'était jamais désigné chez nous que sous le nom de Mahomet.

Figure-toi la joie des deux turcos qui ne parlaient même pas *sabir* quand ils se trouvèrent en présence d'un soldat qui leur parla le doux langage de leur Afrique!

L'un était blessé, l'autre avait les fièvres, mais tout fut oublié! excepté les règles du Khoran, car ils ne voulurent même pas goûter à notre vin.

Rien n'était curieux comme de contempler le groupe, formé par B..... causant avec ses deux amis, dont les costumes civils étaient bien les plus étranges du monde. — L'un d'eux surtout semblait avoir emprunté la défroque d'un magister de campagne.

Un chapeau à haute forme et à longs poils, une redingote noire, beaucoup trop grande, trop large pour lui, un gilet blanc à fleurs roses, un pantalon trop court; tout cela donnait le plus étrange aspect à ce physique marron agrémenté de quelques tatouages bleus et de grandes belles dents blanches.

Tout cela était fort gai sans doute, mais nous n'avions pas un morceau de pain pour nous aider à vider la cave généreuse de M. Chevandier de Valdrome.

Enfin on trouva de la farine! aussitôt Noaillat prétendit qu'ayant eu, en sa qualité d'ingénieur, occasion de faire un rapport sur divers genres de pétrins mécaniques, il savait très-bien faire le pain; Benier se proposa pour l'aider, basant ses capacités sur ce qu'il habitait une maison dans laquelle il y avait un boulanger.

Comme, après tout, de l'eau, de la farine et du sel brassés dans un baquet avec une fourche, nous paraissaient mieux valoir que rien du tout, on leur laissa avec confiance le soin de la manutention.

Pendant ce temps-là on furetait dans les bois, on trouvait une jeune vache, on lui envoyait une balle dans l'oreille, priant Dieu qu'elle appartînt à M. Chevandier, et l'on put se mettre à table.

Mais quel pain! pas de levain, à peine cuit et tout chaud!

Il aurait bien fallu la cave tout entière du Chevandier pour l'humecter et le faire passer convenablement!

Il est vrai que notre donateur faisait bien mieux les choses avec MM. les Prussiens; pendant que nous nous partagions ses 12 bouteilles de vin avec du pain frais et de la viande dure, il hébergeait des officiers, leur donnait ses fusils de chasse, ses gardes, ses chiens, afin qu'ils pussent s'amuser à tuer des chevreuils et des sangliers dans ses bois.

Nous étions tellement furieux qu'il fut résolu que nous

resterions 24 heures de plus au Grosmann malgré les dangers de la situation, malgré le pain de Noaillat et Benier pour aller remercier en corps M. Chevandier avec l'espérance de trouver chez lui les officiers prussiens, dont on fit espionner la présence au château.

Malheureusement ils ne revinrent pas le lendemain!

La position n'était plus tenable; nous allâmes faire notre visite à M. Chevandier que nous trouvâmes seul.

La colère de quarante gentlemen ne pouvait être bien terrible en face des cheveux blancs d'un vieillard; mais cependant nous fîmes mettre à un fourgon suspendu les 2 chevaux d'attelage; et nous le chargeâmes d'une 1/2 pièce de vin, accompagnée de tout le pain, lard, sucre, café, etc., que nous pûmes trouver tant au château que chez les fournisseurs. Avec notre butin nous reprîmes le chemin de la montagne. Les Prussiens n'étaient pas loin, car nos deux caporaux, de Courcy et de Pommeraye, qui cherchaient quelques autres provisions, tiraient sur leurs reconnaissances à la porte du village.

Mais bah! nous avions notre petite vengeance sur le fourgon qui trottait en avant de nous; peu nous importait le reste.

Pourras-tu bien croire ce que je te raconte-là, ma bonne mère; pourras-tu te figurer que des Français ont ainsi reçu des Français et que tout leur patriotisme s'est éteint à la première vue des Prussiens, par la seule et unique crainte qu'il ne soit touché à une pierre de leurs maisons, à un arbre de leurs bois.

J'admets encore que dans un pays complétement envahi, cerné, où rien ne peut plus vous rattacher à la patrie, on se courbe devant la force, devant l'impossibilité de toute résistance. Mais quand on voit encore reluire des baïonnettes françaises, quand on peut encore toucher du pied le sol libre, toucher de la main des mains qui combattent, doit-on ainsi se renfermer dans sa couardise comme un colimaçon dans sa coquille et désespérer par avance ceux qui combattent, en leur faisant voir l'accueil que l'on fait à l'ennemi?

Depuis que je suis ici à Sainte-Sabine, depuis que par les journaux, par des lettres de nos amis arrivées ici pendant que les tiennes, pauvre mère, me cherchent dans les Vosges, j'apprends ce qui s'est passé depuis mon départ de Paris.

Depuis que je vois ce qu'est devenu le patriotisme français, je trouve encore mille fois plus coupables tous ceux qui n'ont pas su faire acte de virilité, tous ceux qui, les premiers-frappés par l'invasion, n'ont pas immédiatement partout donné l'exemple!

L'exemple! mais n'est-ce pas le premier mot de la mère qui élève son enfant :

« Vois ta sœur comme elle est sage, dit-elle au turbulent baby ; et quand le baby devenu un homme a fait quelque fredaine, la mère vient encore en caressant la moustache naissante lui dire : « Sois raisonnable, travaille, suis l'exemple de ton père. »

Si par malheur le père moissonné manque à la maison paternelle : — elle lui montre silencieusement une croix, une médaille, un costume qui rappellent à l'enfant que son père fut de ceux qui peuvent servir d'exemple !

Et dans cette effrayante retraite, dans ces défaites qui ont amené en quelques jours les Prussiens de Wissembourg à Sedan, à Châlons, à Paris, crois-tu que si quelque héroïque défense, si quelques-unes de ces actions d'éclat qui étonnent, même les vainqueurs, avaient brillé dans notre horizon militaire, le courage aujourd'hui ne serait pas plus grand, la lutte plus facile à soutenir?

Mac-Mahon ne s'est pas rendu quand il s'est vu écrasé à Reischoffen ! Il a fait charger les cuirassiers, et les turcos ont mordu les Prussiens sur les affûts de leurs canons.

Si l'empereur à Sedan, au lieu de remettre honteusement son épée à Guillaume, n'avait songé qu'à la France et à son avenir, s'il avait oublié couronne, dynastie, trésors, il aurait fait ce qu'a fait un régiment de zouaves qui n'a pas voulu se rendre et qui a percé le cercle de fer. — Oui, l'empereur, à la tête de vingt, quarante, cinquante mille hommes, pouvait se jeter tête baissée dans les lignes prussiennes, se frayer un passage l'épée à la main avec ses états-majors, ses cent gardes!

Il eût ainsi crié à la France entière : On meurt, on ne se rend pas!

S'il n'avait pu donner l'exemple de la victoire, il donnait au moins celui du courage et de la lutte.

Au lieu de cela, il a mis la défaillance et la reddition à l'ordre du jour!

Qu'allons-nous devenir?

Pour nous, pauvres petits atomes dans cette guerre qui devient immense, nous sommes revenus à Ra on-l'Etape, où des ordres reçus de Besançon, je crois, nous ont ramenés à Saint-Dié.

Là, notre capitaine nous informa que toutes les compagnies de francs-tireurs opérant isolément étaient interdites, supprimées et réunies sous le commandement militaire.

C'est la formation de l'armée auxiliaire.

Je t'avoue que, pour mon compte, je regrettais l'autonomie de notre petite compagnie, mais au point de vue de la guerre, autant que je puis la juger, je trouve très-rationnelle cette suppression des compagnies franches dites compagnies de francs-tireurs.

Leur utilité me paraît d'abord fort contestable, surtout

avec un ennemi victorieux qui s'avance admirablement éclairé par sa cavalerie.

Que fait la compagnie franche agissant sans ordres, sans plans, sans connaissance de la veille, sans préoccupation du lendemain ? Elle va par-ci, par-là, faire un coup de main, très-hardi souvent; elle enlève un poste, elle arrête une réquisition.

Mais le lendemain les Prussiens reviennent en masse, reprennent le poste, font leur réquisition, et ce n'est pas une compagnie de 80, 100, 150 hommes agissant seule, soutenue par personne qui peut arrêter l'ennemi.

Si la compagnie a fait une reconnaissance hardie, puis vient ensuite donner des renseignements à un colonel, à un général, quelle confiance inspirera-t-elle, si elle n'est d'avance reconnue et pour ainsi dire assermentée ?

Je ne parle pas de ces compagnies peu honorables qui se sont formées par tant de gens désireux d'échapper à toute discipline, de faire la guerre à leur guise, se préoccupant beaucoup plus d'aller toucher leurs prêts que d'aller voir les Prussiens.

A Dijon, à Colmar, il y a six semaines, j'en ai déjà aperçu quelques tristes échantillons. J'apprends ici et par les journaux qu'il s'en est formé un grand nombre et que tout cela ne vaut pas cher. Je comprends donc très-bien que l'on ait voulu discipliner, enrégimenter tout ce monde-là.

Quant à nous, les 40, après nous être réunis en conseil, nous avons décidé que chacun reprenait sa liberté, et pouvait se battre pour le drapeau qui lui convenait le mieux. La compagnie s'étant ainsi licenciée d'elle-même, chacun se groupa pour aller à nouveau tenter le sort des armes.

Je t'avoue, ma chère mère, qu'en partant de Saint-Dié et en arrivant ici, j'avais un peu l'espoir d'aller vous rejoindre, car tu dois comprendre que si j'avais pensé pouvoir me battre sous les murs de Paris, je serais resté auprès de vous, c'eût été mon devoir.

Mais je croyais si peu au siége, à l'investissement de Paris !

Malheureusement tous les renseignements qui me sont donnés ici ne me laissent aucun espoir ; Paris est fermé, bien fermé.

Ne pouvant combattre pour vous défendre, il faut combattre pour vous délivrer.

Je vais donc offrir mes services à Cathelineau qui, paraît-il, forme un corps de volontaires dans l'Ouest.

Tu connais de longue date toutes mes sympathies pour les Bretons avec lesquels j'ai vécu si longtemps et au milieu desquels j'ai laissé de si bons amis.

Je suis bien sûr de me retrouver par là en pays de connaissance et en tout cas de faire mon métier de soldat avec de braves cœurs.

Un mois de campagne dans les Vosges m'a bien rompu au service militaire. Je ne fais plus attention aux kilomètres, et je porte mon *Azor* comme s'il n'y avait rien dedans.

Les soldats se font, doivent se faire vite par le temps qui court, et dans les corps qui se forment, dans toute cette armée auxiliaire, je sens que je vais être un vieux soldat.

Quarante jours de campagne et avoir vu le feu ! mais cela vaut un chevron !

Ce seront encore bien des fatigues peut-être, bien des dangers ! mais que serait tout cela si je recevais des lettres de toi, de mon père ?

Ah ! j'ai bien plus peur de ces inquiétudes que de tout le reste.

Ce qui m'épouvante encore, c'est la situation de notre pauvre France ! Où allons-nous ?

Depuis trois jours que j'ai quitté les Vosges, à Saint-Dié, à Dijon, ici, j'ai vu des journaux, j'ai causé, j'ai écouté. Et je me demande qui nous gouverne, qui donne l'impulsion ?

Nous voilà encore avec une république, c'est-à-dire un gouvernement essentiellement antipathique à la France, qui en a fait déjà la triste expérience et qui n'est pas corrigée !

Je n'étais pas à Paris au 4 septembre, mais je suis bien sûr que tout s'est encore passé comme en 1848 !

Une minorité active, turbulente, ayant à son service toutes les ambitions de bas étage a saisi un pouvoir que les honnêtes gens ont regardé tomber sans songer à le ramasser, quittes à s'en mordre les doigts plus tard.

Pauvre France, que je plains ton présent et que j'ai peur pour ton avenir !

Demain matin, je pars pour Nevers où je retrouve un de mes camarades qui vient avec moi rejoindre Cathelineau.

Nous nous dirigerons vers Bourges et Tours, où nous saurons exactement le lieu de rendez-vous des volontaires de l'Ouest.

Ce ne sera certes pas sans un serrement de cœur que je quitterai mes bons amis de Sainte-Sabine.

Tu ne peux t'imaginer tous les soins dont j'ai été, dont je suis entouré au château ! Mme R. de S... que tu connais si bonne, si gaie, si dévouée, prend soin de moi comme tu le ferais toi-même.

Tout mon sac a été visité : linge, mouchoirs, tout est blanchi, réparé, et si je laissais faire ma bonne cousine, elle augmenterait considérablement mon armoire à linge ! sans compter les provisions, chocolat, etc., dont *Azor* est majestueusement bourré.

Heureusement que pour quelques jours c'est le chemin

de fer, et non mon épaule, qui va être chargé de le transporter.

Ah ! si ce chemin de fer voulait aussi transporter cette lettre jusqu'à toi, ma bonne mère, il te porterait tous les embrassements de ton fils qui t'adore !

G. L.

Paris. — Imprimerie de E. Donnaud, rue Cassette, 9.

www.ingramcontent.com/pod-product-compliance
Ingram Content Group UK Ltd.
Pitfield, Milton Keynes, MK11 3LW, UK
UKHW020317250726
13967UKWH00004B/1765